JN169843

総統は開戦理由を必要としている

タンネンベルク作戦の謀略

Unternehmen Tannenberg

アルフレート・シュピース
ハイナー・リヒテンシュタイン
Alfred Spieβ, Heiner Lichtenstein
守屋純◆訳

白水社

総統は開戦理由を必要としている——タンネンベルク作戦の謀略

Unternehmen Tannenberg : Der Anlaß zum Zweiten Weltkrieg
by Alfred Spieß/ Heiner Lichtenstein

© 1979 by Limes at F.A. Herbig Verlagsbuchhandlung GmbH, München
All rights reserved
Original title : Das Unternehmen Tannenberg
www.herbig.net

By arrangement through Meike Marx Literary Agency, Japan

カバー写真 : ullsteinbild/Getty Images

1939年ころ，ベルリンのゲシュタポ本部，
中央がヒムラー，右側よりハイドリヒとミュラー，左側よりネーベとフーバー

総統は開戦理由を必要としている——タンネンベルク作戦の謀略◆目次

緒言

ロバート・ケンプナー
元ニュルンベルク裁判米次席検察官

本書には大きな歴史的意義がある。証言を通じて本書が初めて明らかにしたことは、いかにヒトラーが、ヒムラーとハイドリヒの助けをかりて、第二次大戦開始の口実とするための行動を命じたか、という点である。犯罪的な侵略戦争を諸外国に対して、あるいはドイツ国民に対して、正当なものと申し開きするために、ナチス体制は国家保安本部（RSHA）とリッベントロップの外務省の中に、口実を捏造する部署を設置していた。

たとえば一九三九年のダンツィヒ併合は、国際自由市ダンツィヒがその中立的立場を侵害された、というのが理由とされた。ゲッベルスの言明によると、その「証拠」として武器庫が発見されたことになっている。事実は、外務省の一官吏が自由市内にひそかに武器を持ちこんで、秘密の場所に隠したのだ。のちに「発見される」と、彼は外務省にこう電報を打った――「武器庫の発見は確実になった」。あるいは別の例として、一九四〇年に独蘭国境のフェンローで、オランダの中立を疑問視させるに十分な口実が捏造された。二人の英国秘密情報部員が無理やりドイツ側に拉致され、オランダ軍の一大尉が殺され、オランダによる中立侵害を立証するような文書とすり替えられた。チェコスロヴァキアの段階的征服も、挑発と捏造された口実によって実行された。ズデーテンラントの場合は、ヘンライン党の党員が利用された。スロヴァキアの場合は、ベルリンからやってきたドイツ使節の乗ったドイツのナンバープレートの自動車が焼かれ、それによってドイツの国有財産に対するスロヴァキア側のテロなるものが「立証された」。これらの行動はいずれも(ドイツによる)武力侵攻を「正当化」するものであった。本書で語られている様々な口実は恐るべき嘘の連鎖である。なぜなら、それが第二次大戦を起こさせたから。

本書の叙述の大半は、ドイツの検察当局の前で行われた証人達による陳述を基礎としているが、読者はこれによって、歴史研究にとっての司法的捜査手続きの持つ重要性に納得するであろう。裁判史はしばしば等閑視されることがあるが、実は世界史の重要な一部分なのだ。実際、もし裁判がなかったらソクラテスは誰の記憶にも残らなかっただろうし、ナザレのイエスの裁判も、中世の裁判も、ニュルンベルク裁判もまったく世界史に残らなかったろう。それらが膨大な証拠を白日のもとに晒した結果、伝説とならずに歴史家によって解明されるようになったのである。ニュルンベルク裁判ではいわゆるホスバッハ覚書が白日のもとに晒され、一九三七年一一月五日、ヒトラーがその侵略戦争のための計画を発展させていたことを立証した。一九四二年一月二〇日の「ユダヤ人問題最終解決」についてのヴァンゼー会議議定書も、アイヒマンから外務省に送付されたものが、ニュルンベルクでの「ヴィルヘルム街裁判」の過程で得られ、世界中に知られるようになった。ハンガリーのホルティ摂政やゲーリング、リッベントロップ、ハンス・フランク、アルフレート・ローゼンベルク等の証言は歴史資料として、歴史家だけでなく作家やメディア関係者にも寄与している。フランクフルトでのアウシュヴィッツ裁判やマイダネク裁判は、現代史の教育と研究に大きな展望を開いてくれた。

かように本書では、グライヴィッツ放送局、ホーホリンデン税関、ピッチェン営林署への襲撃における暗殺者やその他の関係者の証言から、第二次大戦の事実上の開始とヒトラーの征服計画にいたる巨大な弓が張られている。ヒトラー体制による犯罪を「正当化」するための口実の連鎖は、一九三三年の国会議事堂炎上から第三帝国の終焉まで連続していたのだ。

著者まえがき

「私は戦争開始のための宣伝上の口実が必要である。その信ぴょう性はどうでもよい。勝者はあとになってから、本当のことを言ったかどうか問われることはない」。このような比類のない野蛮さとあからさまさでもってヒトラーは一九三九年八月二二日、オーベルザルツベルクに集められた国防軍の高級指揮官達に、いまや最終的に戦争を決意したという事実をつきつけた。

一九三九年九月一日には、ヒトラーはこの「宣伝上の口実」を作り上げていた。この日の国会でヒトラーは議員達を前にして、こういう嘘をついた。「昨夜、ポーランド正規軍が我が領土への銃撃を開始した。午前五時四五分以来現在まで、我が方はこれに応戦中である」。ヒトラーが言明した前夜の国境侵犯は一四件にのぼり、そのうちの三件は特別に重大な紛争として取り上げられていた。それがオーベルシュレージェンのグライヴィッツ放送局と、ホーホリンデン税関、そしてピッチェン営林署に対する襲撃である。

本書の主題となっているのは、この、ヒトラーが開戦の口実とした三件についてである。ナチ党機関紙『フェルキッシャー・ベオバハター』の一九三九年九月一日号では単に、ポーランド人からなる「オーベルシュレージェン・ポーランド蜂起軍」について報じただけで、そのうちの何人かは逮捕・投獄され、一人が射殺された、と。だがこの報道の根拠となる「ポーランド人叛徒」の名も顔写真も示されず、ただ「ポーランド側の挑発」を非難するにとどまった。名前が挙げられた場所は、グライヴィッツ放送局とラティボア郡のホーホリンデンという町の税関、そしてクロイツベルク郡のピッチェン営林署である。

グライヴィッツ放送局のドイツ語放送と連合してきた月刊誌『ダス・アルヒーフ』の一九三九年一〇月号では、こう断言されている。「特に重大なのは、グライヴィッツ放送局へのポーランド軍兵士と暴徒による襲撃である」。

ポーランド攻撃が始まってから、ドイツ外務省は『第二白書』でこう言明した。「暴徒達はドイツ側の国境守備隊によって一掃され、暴徒一人が射殺された」。だがこの「暴徒」は国境警備隊によって殺されたのではなかった。そうではなくて、グライヴィッツ放送局でドイツ側によって殺されていたのだ。彼は第二次大戦最初の戦死者となった。その名はフランツ・ホニオク。

しかし「襲撃」の詳細も死者の名も、すべてナチス国家指導部によって隠蔽された。『ダス・アルヒーフ』と『第二白書』が刊行された時、すでにポーランドとの戦争は終っていた。独波国境地帯での紛争など誰の関心も引かなかった。事情が変わるのはドイツの敗戦後のことである。一九四五〜一九四六年にかけてのニュルンベルク国際軍事法廷で、一九三九年以来初めて「襲撃」のことが議題にのぼった。そこから、この主題は歴史研究の対象となり、さらに一九六三年には検察による捜査の対象にもなった。検察の捜査は最初ハンブルクで行われ、ついで一九六六年に主要容疑者が死んでからはデュッセルドルフで行われた。この捜査の過程で判明したのは、「三件の特別重要な国境紛争」が実はドイツ側による偽の襲撃だったことである。

この偽襲撃で殺人が実行されたことが検察の捜査で明らかになった。この殺人は、戦闘行動中に発生したものではなく、殺人もしくは殺害行為での共謀であると見なされた。のこった不明な点は、グライヴィッツ放送局で殺された犠牲者の身元であった。これ以外の襲撃地点で死者が出たかどうかはほとんど分からない。勿論それは、ホーホリンデン税関襲撃の際にポーランド人の暴徒による行動と見せかけるために、死者が出た、と仮定すればの話であるが。

本書はこの偽襲撃の全体像をドキュメンタリーによって伝えようとするものである。それは、第二次大戦勃発の口実を公言できるようにするため、ナチス国家によって演出・実行されたものである。検察の捜査は縦横の因果関係の解明に大きく貢献している。そして、本書で取り上げた証言はいずれも襲撃に関与したか、あるいは目撃した人達から出たものである。ただし、できるだけまとまった全体像をえがくために、事件に直接関係のない人物や地名については扱っていない。それらは歴史研究の対象であって、本件には重要性がうすい。

以上のような理由から、陳述された証言の中には多少の不正確さが生じるのはやむを得ないであろう。そして、歴史の中に入ってしまった人物については姓名を挙げているが、それ以外の人についてはすべて頭文字だけしか示していない。

デュッセルドルフ地検での捜査が終ると、管轄はベルリンの高等検察庁に移った。ここでの捜査は国家保安本部（ＲＳＨＡ）の行動全体におよんだ。「タンネンベルク作戦」に関する真実を広く教示するために、検察での捜査内容を著者達が自由に使用できるようにとりはからってくれた当局に格別の感謝を述べたい。

一九七九年九月　ヒルデンとケルンにて

アルフレート・シュピース
ハイナー・リヒテンシュタイン

第1部

「総統は開戦理由を必要としている」

偽襲撃事件の計画立案

第1章

ヒトラーからの指示
ヒムラーとハイドリヒによる検討

「開戦のための宣伝上の口実」としての偽襲撃はヒトラーの発言から出たものであるとしても、その実行発展についてはヒトラーは無関係であって、それはSS国家長官ハインリヒ・ヒムラーとSS保安部長兼保安警察長官ラインハルト・ハイドリヒSS中将が担当したからである。すでにこの二人は死んだ。ヒムラーは一九四五年五月二三日、リューネブルクで自決した。ハイドリヒは一九四二年六月五日、プラハで暗殺された。

ヒムラーとハイドリヒがヒトラーからこれらの任務を託されたことについては、元SS准将ヘルベルト・メールホルンと、この当時オペルンのゲシュタポ支部長SS少佐のエマヌエル・シェーファーの証言で明らかである。二人とも、戦後まで存命した。

メールホルンは一九五三年に「タンネンベルクの件」という表題のメモを公表し、これが真実にもとづく描写である、と確約して、事件の歴史学的解明に寄与したい、と言明している。メールホルンは一九三九年八月初め、スロヴァキアからベルリンに召還されたが、その時のハイドリヒとの面談についてこう述べている。

「私がスロヴァキアからベルリンのハイドリヒのもとに出頭すると、彼はポーランドとの国境地帯で偽の紛争を起こす、との総統命令を打ち明けました。

ハイドリヒが示したこの計画について、私はほとんど直感的にこう答えました。『歴史の中でのドイツの名声にとんでもない重荷を負わせることになります』と。さらに私は付け加えて、『このような計画の遂行は第一に国防軍の任務ではないですか』と。彼はこれまでいつも国防軍に嫉妬し、いかなる国境地帯での行動も自分の管轄だ、としてきたからです。しかしハイドリヒは、重要なのは総統命令であって、それに対するどんな反論もあり得ない、と答えました。ハイドリヒの説明によると、予定の計画にはグライヴィッツ放送局襲撃以外に、ラティボアでの『ポーランド』部隊による襲撃やクロイツベルクでの暴徒の一団による襲撃も含まれていました。私は即座にこう反論しました、『共謀者を大量に投入した大規模な行動と多数の住民の目撃証言によって、とんでもない愚行となります、なぜなら、事後に知れ渡ることは避けられず、そうなるとドイツの名声にこびりつく汚点となるのを覚悟しなければなりません』と。

ハイドリヒが私に全ての行動の総指揮をとらせようとしていたのは明らかでしたが、私が彼の計画に反対なのに気付くと、ハイドリヒは目を転じて、私の任務を次の諸点に制限しました。すなわち、ホーホリンデンとピッチェンでの行動の計画立案——ピッチェンはこの時はまだクロイツベルクと呼ばれていました——を精査監督すること。ハイドリヒははっきりと、私の役目は失敗を防止するための『参謀本部のようなすぐれた考えを助言すること』だ、と。彼がすべての作戦の下達と演習について総統に個人的に連絡していたのは明らかでした」。

メールホルンの証言はシェーファーの説明によって裏付けられている。

「一九三九年八月初め、執務室にいた私のところにSS大尉ノイマンから電話があり、明日、一人で私服姿で午後六時に、オーベルシュレージェン・ノイシュタット飛行場まで来るよう言われました。私はノイマンがハイドリヒの副官としてやってくることを知らされ、さらにノイマンから、この件は機密国家事項扱いであると言われました。

翌日の午後、私はノイシュタットに行くと、そこで作業中の工兵隊を見ました。私はこの中隊の指揮官に、さらには飛行場の責任者に、飛行機が着いたかどうかをたずねましたが、着いていないとの返答でした。そのうち、やっとユンカースJu52型機がやってくるのが見えました。機が停止すると私は機に近づき、中からハイドリヒとヘルヴィッヒSS中佐とノイマンSS大尉が降りてきました。

今でもよく覚えていますが、ハイドリヒは書類鞄とコートを翼の上に置いてこう言いました、『総統は開戦理由を必要としている』。それを聞いて私がびっくりした様子なのを見て、ハイドリヒは、『安心しろ。君は何もしなくてよい』と言いました。私は宿泊の予約をとってあるグライヴィッツのホテル『ハウス・オーベルシュレージェン』に参りましょう、と言いました。この日の夕方、ホテルのダンスホールのバーで次のような相談が行われました。

まずハイドリヒが繰り返し、総統は東部国境問題を清算するための開戦理由を必要としている、と説明しました。さらにハイドリヒは、彼と総統およびヒムラーとの間で次のような案を検討したことを打ち明けました。すなわち、ドイツ領土に対してポーランド側からドイツ人の扮する偽のポーランド部隊による攻撃を実行する、と。これには中隊規模と小隊規模の二種類の作戦が考えられる、と。それ以外にも、グライヴィッツ放送局とローゼンベルク近郊の営林署への襲撃が計画されている、と。

私に与えられた任務は、行動開始の際、国境警察を撤収させておくことで、そうすれば衝突を回避できるからでした。国境警察は数か月前から私が指揮していました。別れる前にハイドリヒはもう一度、オーベルシュレージェンでの襲撃地点について再度ヒムラーと検討のうえ、私にそれを連絡する、と打ち明けました」。

SS中佐オットー・ヘルヴィッヒはシェーファーに、襲撃行動では一隊を指揮するよう委任した。ヘルヴィッヒはのちに警察中将に昇進し、一九六二年に死んだ。ヘルヴィッヒも一九五二年に、シェーファーと同様、グライヴィッツのホテル「ハウス・オーベルシュレージェン」で相談が行われたことを確認している。それからヘルヴィッヒは襲撃におあつらえ向きの場所を見つけるために、国境までドライブした。ホーホリンデン税関では訪問客の一団がヘルヴィッヒに随行して国境までドライブした。ここで税関吏と会話をかわしたが、すべての参加者が制服姿であって、それはポーランド側からもはっきりと見分けられた。この税関参観はきっとポーランド側の官吏にも、何かただならぬ出来事が迫っている、との印象を与えたにちがいない。

第2章

一九三九年八月八日のベルリンでの準備会議

ベルリンでは、ハイドリヒを議長とした多くの会議が開かれ、偽襲撃の細目についての詰めがなされていた。一九三九年八月八日の最初の会議の参加者は、保安警察長官兼SD部長のハイドリヒのほか、その副官長で警察大尉のポンメと、当時まだSS上級大佐(のちSS中将)で保安警察のゲシュタポ局長のハインリヒ・ミュラー、それにメールホルンだった。その他に保安警察のSS将校で詳細が不明な人物も何人かいた。彼等は、トラックの調達などという特別な任務のために必要とされた。ポンメは戦後まで健在だった。

これ以外に会議に呼ばれたのは、SS中佐ヘルヴィッヒ(ベルリン・シャルロッテンブルク保安警察指揮官学校長)とSS大佐ハンス・トルンムラー(プレッチュ国境警察学校長)、そしてオットー・ラッシュ博士(前リンツ・ゲシュタポ支部長)だった。トルンムラーはのちにSS上級大佐となるが、戦後、米軍の軍事法廷で死刑を宣告され、一九四八年一〇月二〇日にランツベルクで処刑された。ラッシュものちにSS上級大佐になるが、一九四八年一一月一日に死んだ。

ヘルヴィッヒの証言によると、ハイドリヒは出席者全員に、作戦について決定された事項は誰にも口外してはならない点を特に留意するよう求めたという。それからハイドリヒは全般的な政治情勢について触れ、たとえポーランド側が侵入を引き起こさなくても、それがなされたように見せかけるための準備をしておかねばならぬ、と念を押した。

メールホルンは、初めてハイドリヒとの相談の時に指示された事の次第を「看てとり」、前述したのと同じ疑念を八月八日の会議でも蒸し返した、という。

「私は自分の疑念をベルリンでの最初の全体会議で、出席者全員に再度ありのままに説明しようと思い、特にドイツの歴史に対する〔この作戦実施で被る〕疑念にはそれなりの理由があることに目を向けさせようとしました。だがハイドリヒは何の反応も示しませんでした。そこで私は彼に、自分の疑念を明確にした手書きのメモを渡しました。しかしハイドリヒはそれを見ようともせず脇に置いて、脅迫的な二様に取れる説明をしました。これは棚上げにされる、と。それから彼は、『このような疑念はどれも取るに足らぬ事柄であって、総統命令の発出は絶対である』と述べました」。

この調子でハイドリヒはすべての異議を一蹴した。ただし、厳密な機密保持が命じられたため、メールホルンがハイドリヒとは別の計画を持っていたかどうかは発見できていない。

ヘルヴィッヒによると、この時さらに、有力な一個中隊の編成が検討されたという。同隊の任務は——もし必要ならば——ポーランド領内から偽の襲撃をかけることだった。約二五〇人と予定され、中年のSS隊員で兵役経験があり、ポーランド語に堪能な者。とりあえずヘルヴィッヒには、このSS隊員達の訓練指揮が割り当てられた。

これ以外にヘルヴィッヒのメモによると、行動の隠語名は「タンネンベルク」と決められたという。どうしてこの言葉になったのかは、まったく分からない。当然考えられるのは、東プロイセンのタンネンベルク付近での第一次大戦の大包囲戦と関連付けた、ということである。帝政ドイツ軍が一九一四年八月二六日から三〇日にかけて、この戦闘でロシア軍を撃破した。同じ八月の最終日に、今度はヒトラーによって第二次大戦の開始が企てられていた。それとともに、「タンネンベルク」の呼称は欺瞞の効果もあった。すなわち、たとえこの行動の機密が漏洩しても、第三者にはそれが東プロイセンでの行動であって、オーベルシュレージェンでのことではない、と錯覚させることが可能であるから。

第3章

襲撃地点、指揮官、戦術の確定についてのベルリンでの全体会議

八月八日の会議から数日たって、計画の細部を詰めるための拡大会議が開かれた。この時には関係者の輪は拡大して、SS少佐だったアルフレート・ヘルムート・ナウヨックスも加わっている。彼はSD本部で外国情報課に勤務しており、死んだのは一九六六年四月四日、ハンブルクにおいてである。

会議の直前、ハイドリヒはナウヨックスに与えるべき任務について相談するためベルリンに呼び出したが、それについてナウヨックスは一九四五年のニュルンベルク国際軍事法廷で、こう宣誓供述している。

「一九三九年八月一〇日ころ、保安警察長官兼SD部長ハイドリヒは私に個人的に、ポーランド国境付近のグライヴィッツ放送局への襲撃を偽造して、それをポーランド人の仕業に見せかけるよう命令しました。ハイドリヒによると、『ポーランド側によ

る襲撃についての実物の証拠は外国の報道機関とドイツ国内向けに必要』だというのです。私が命じられたのは、SD部員五、六人をつれてグライヴィッツに行き、ハイドリヒからの合言葉によって襲撃を実行することでした。任務の内容は、放送局を乗っ取り、必要な時間そこを占拠し、可能ならばポーランド語のできるドイツ人にポーランド語の放送をさせる、というものでした。このポーランド語のできるドイツ人というのは、私に裁量をまかされた人員でした。

さらにハイドリヒは、当然そうなるだろうが、独波間の紛争が勃発してポーランド軍が集結してきたら、彼等に抵抗するドイツ人はだれでも打ち倒されることになるだろう、と言いました。そして彼はまた、『ドイツのポーランド攻撃はあと数日延期される』とも言いました」。

さらにナウヨックスの別の証言にあるように、この時ハイドリヒから受けたのは包括的な指示と襲撃開始のための合言葉だけであったようだ。

「ハイドリヒは私に大枠だけ示しました。彼が言ったのは、一、この一件では私は決してグライヴィッツのドイツ官憲と接触してはならない、二、私以外には誰も、SSやSDあるいは警察その他いかなるドイツ官庁に関わる身分証明書も提示してはならない、私はドイツの官憲がまったく正常に我々の行動に対応するよう手はずを整えておくこと。SDが行動を起こすのは、どれほど時間がかかろうとも、合言葉で再度確認するまで待て。行動開始の合言葉は『祖母死す』でした」。

このナウヨックスと検討したグライヴィッツ放送局襲撃案を、ハイドリヒは全体会議で公表した。さらに彼は、これ以外の襲撃地点として、ホーホリンデンのドイツ税関とクロイツベルク郡の国境のどこかを予定している、と言った。どの場合も、行動はポーランド人部隊に変装して実行することになっていた。

選択された国境地点と税関の場所は巧妙であった。ホーホリンデンの税関はこの年の夏に開設されたばかりで、村はずれに位置し、国境に接していた。そこはどこからも見渡せる広い野原がつづき、一本の電線だけが目印になっていた。国境線の引かれ方は不規則で、ポーランド領の線がドイツ領の中へと大きく突き出していて、国境線の向こうから税関を射撃できるほどだった。さらに国境線はルダ河を通っていた。同河の東岸はこの時はドイツ領だったが、巨大なラウデン森林地帯があった。

税関はホーホリンデンからは土塁で仕切られていて、村民は何が起こっているか見ることができなかった。ポーランド側の税関も国境近くにあった。だがポーランドのフヴァレンチッツェ村からは非常に離れたところにあり、ポーランドの税関吏が村内に逃亡するのを遮断できた。

クロイツベルク郡では事情は全く別だった。国境線はプロスナ河とそこから延びる多くの支流の上に引かれていた。プロスナ河は湿地帯を蛇行して流れ、そのため国境線はほとんど見通せなかった。谷間のピッチェン町有林が国境にあり、ポーランド領内に踏み入れずに軍事行動をかけることができた。周囲三キロメートル以上におよぶ地域にいるのは、プロスナ製粉所に住んでいるドイツ人だけだった。かくて、妨害さえなければ、作戦は成功するはずであった。

以上のような地理的かつ政治的な条件を勘案して、ハイドリヒはホーホリンデンの税関への偽襲撃を、国境紛争を引き起こさせるのに最も重要な策としてふくらませていった。これについてのメールホルンの証言では、

> 「ヘルヴィッヒ指揮の偽装したポーランド人部隊はラウデン森林から出撃し、ルダ河で国境を渡ってポーランド税関に達し、そこからリュブニクのポーランド軍守備隊に警報を伝え、警報をうけたポーランド軍守備隊は同じ道筋を通って国境を越えてホーホリンデンにおびき寄せられ、そこで待機していた〔ドイツ側の〕警察部隊と本物の戦闘に入るはずでした」。

すでに八月初め、ハイドリヒはこの地方を視察した時に、オペルンのゲシュタポ支部長のシェーファーに計画の概要を語っている。これについてシェーファーは、

「私の知る限りでは、この偽ポーランド部隊はリュブニクの近くに配置されて、ドイツの税関吏との撃ち合いに発展することになっていました。ハイドリヒは、そうなればリュブニクのポーランド軍守備隊は国境へと派遣されるだろう、と計算していました。この策について私が笑うと、ハイドリヒは私に、『ひとたび戦車が動き出せば、誰もこのことを口にしなくなるだろう』と言いました」。

ポーランド兵の扮装をしたSS隊員を指揮することになっていたヘルヴィッヒは、こう回想する。

「偽ポーランド軍中隊の任務は、ポーランド領内からやってきて、ドイツの税関に強力な銃火を浴びせることでした。この銃撃は、税関の北側高台に布陣しているトルンムラー指揮のドイツ警察中隊による強力な反撃をうけることになっていました。味方の損害を防ぐための」。

「ポーランド側からの攻撃に反撃する」作戦の指揮はトルンムラーがとることになっており、その「ドイツ中隊」はプレッチュ国境警察学校の制服を着たSS隊員であった。一九四七年八月一三日、ダッハウで行われた「ポーランド戦争犯罪調査団」から委託された裁判で、トルンムラーはこの件について、証人として次のように答えている。

「私がうけた命令は……ホーエンリンデン（正しくはホーホリンデン）南方の地域で、偽のポーランド国境警察部隊および暴徒によってドイツ税関を襲撃し、ドイツ国境警察がこの襲撃を排除して、『ポーランド国境警察』を拘留することでした」。

このトルンムラーの証言は、八月三一日に実行された作戦と完全に一致する。その時は、ドイツ税関に偽の襲撃をかけた「ポーランド人暴徒」を制圧しただけである。なぜハイドリヒが最初の計画を変更したのかは不明である。おそらく彼は、本物のポーランド軍との衝突をおそれたのではないか。八月二五日にホーホリンデンで発生した出来事がそうである。もともとヒトラーは二五日に戦争を始める予定にしていたので、偽襲撃もこの日と決められていた。そしてヘルヴィッヒはホーホリンデンで早すぎる出撃をしてしまったのだ。そのためヘルヴィッヒとメールホルンはこのあと解任されている。しかも二五日の前夜、武装した若いドイツ民間人の一団がフヴァレンチッツェのポーランド税関を襲っていた。

以上の経緯について、もっと立ち入ってみよう。

ヘルヴィッヒの後任はSS少佐カール・ホフマンだった。彼はヘルヴィッヒから、襲撃のためのSS部隊をオーベルシュレージェンへと出発させることについて、申し送りをうけていた。カール・ホフマンの証言から明らかになるのは、すでにこの時点ではポーランド国境を越えることが前提になっていた、ということである。彼の証言によって、ホーホリンデンについての計画は、日時以外は最終的に確定していたことを再確認するものになっている。

「その場でヘルヴィッヒはトルンムラーから渡された地図を示して、ホーホリンデン税関への偽襲撃がどのように計画されているかを説明しました。さらにヘルヴィッヒは、ポーランドからやってきてドイツ税関を襲って破壊することになっているポーランド軍の制服を着た特殊部隊の待機地点と行動の確定した時刻についても説明しました。税関内には偽の蜂起をするはずの数人の内通者がいるはずでしたが、我が方による偽襲撃に際しては決して傷つけたり殺したりはしないはずでした。ポーランド兵に扮した襲撃隊はこの『内通者』がびっくりするような大音響をたてて、大声でポーランド語をわめきちらしつつ逃亡することになっていました。もしも交戦状態になったら、国境警察に扮したSS隊員が陣地から反撃に出て、この『ポーランド部隊』を捕縛することになっていました。この反撃が起これば、『ポーランド部隊』はただちに武器を捨てることになっていて、その際最も注意すべきことは、誰も傷つけてはならない、ということでした。これ以外に、『ポーランド部隊』の何人かを拘留する際、彼等はポーランド軍の帽子と剣帯を投げ捨てて、税関内に残していくことになっていました。さらにヘルヴィッヒは、部隊の移送はできるだけ迅速に行われるべし、と指示しました。そのためのトラックがすでに用意されていました。終ると、宿泊所に帰りました。これ以外のことはもはや私たちの領分ではなく、地元の警察署に関わる案件です」。

クロイツベルク郡での作戦でも、やはり偽装されたポーランド人の暴徒による襲撃が実行されることになった。ハイドリヒの最初の計画では、襲撃地点はどこか国境のドイツ側を予定していて、ポーランド領には関わらないことになっていたが、これもやはり中止となっている。

これについてメールホルンは、自分の本来的な疑念と関連付けて、証言をこうふくらませている。

「私は会議のあと、多くの参加者ときわめて率直に、計画全体のナンセンスさ加減について話し合いました。そしてはっきりと計画に反対の意思表示する者もいて、皆がハイドリヒのよく知られた自己顕示欲に多くの責任がある、と言いました。そして誰もが、自分の任務にともなう危険に気がついていました。特に私は、作戦全体の阻止に成功しなくても、行動はもっと慎重にすべきだ、と強調しました。そうでないと、私が最も懸念する愚行へと突き進んで、最も都合の悪い方向へと発展しかねない、と。私はラッシュとは長年信頼する仲でしたが、暴徒による襲撃行動は最小限に縮小し、それによって実際に発生するであろう危険を回避できる、ということで意見が一致しました。我々二人は別々にハイドリヒに対して、当初の計画で予定していたものよりはるかに小さな、国境沿いの営林小屋を目標とするよう説得して成功しました。すべての人命の犠牲が出る恐れを排除し、目撃証人の身を危険に晒さぬようにということで、ラッシュが思い当たったのは、森番の夫婦が休暇旅行に出ている時に無人の営林小屋を襲撃する、というものでした」。

メールホルンが「最も都合の悪い方向」と懸念していたのは、国境付近の村落の住民を衝突に巻き込んでしまうことだった。衝突には、武器はもちろん、あらゆる類の道具を持って参加し、その際自分も「暴徒」として相手を傷つけかねない。「営林小屋」として話題にのぼったのはピッチェンの営林署のことで、この時ここには森番が家族とともに住んでいた。この営林署への襲撃はSS大佐ラッシュに一任された。そして「暴徒の襲撃」ということにするため、参加のSS隊員は「強盗団」ということにされた。

第4章　隠語と合言葉の決定

ヘルヴィッヒによるとこの時の会議では、襲撃隊の指揮官達にそれぞれ偽の職業名、たとえばシュロッサー（錠前屋）とかシュライナー（建具屋）などの偽名をつけたという。さらに重要なのは合言葉で、それは別々の襲撃が行われることになっていたからである。グライヴィッツ放送局の場合はすでに「祖母死す」の合言葉が割り当てられていたが、ピッチェン営林署とホーホリンデン税関にも同じ合言葉が使われることになった。メールホルンによると、「小さな雷鳥」は警報第一段階で、部隊が待機態勢に入ることになっていて、「大きな雷鳥」は出動準備地点に前進すること、そして「アガーテ」が行動開始となっていた。聞き違いもしくは書き間違いによる取り違えで重大な結果を引き起こさぬよう、「雷鳥」よりずっと明確に判別できる「アガーテ」が行動開始の合言葉とされた。「アガーテ」が最終的な合言葉となったことについては、ゲシュタポ局長ミュラーの女性秘書の証言もある。

「私の記憶では、偽襲撃ののちミュラーがこう言いました、ほとんど合言葉を忘れてしまった、——私はそれが『アガーテ』のことだったと思います」。

第5章　命令系統

この基本計画策定後もなお、多くの片付けねばならない細目があったが、その一部はすでにベルリンでの会議の時に決定されていた。それが妥当と思われたので、襲撃隊長と特殊任務のための所轄のSD指揮官がベルリンに来たはずである。

決定的な重要性は命令系統にあった。ハイドリヒは行動開始の合言葉を発するのは自分だけとしていた。そのためには、彼のベルリンの部屋とオーベルシュレージェンの現地本部との間に、隙のない連絡体制ができていなければならない。その準備の中心はオペルンのゲシュタポ支部になる予定だったので、ベルリンとの最初の直通電話も開設された。シェーファーの説明によると、

「ハイドリヒとの話し合いののち数日たってから、私の執務室とベルリンのハイドリヒの部屋との間に直通の電話回線が敷かれました。これはどういうことなのか私は

事前に知らされていなかったのですが、何日かすると、国境での行動を私が部屋から直接指揮することになる、と分かりました」。

この直通電話回線以外にテレタイプが設置された。それは二人の警官によって、一人ずつ交替で操作されることになっていた。この時シェーファーのもとで勤務していた刑事のルドルフ・Rはこう証言している。

「一九三九年八月、私はオペルンでの任地で特別な準備がなされていることに気がつきました。まず特別な電話回線が設置されましたが、その時我々にはその意味が分かりませんでした。もうひとつは、テレタイプが設置されたことで、その操作は私のゲシュタポ支部がある警察署の担当でした。それ以外に確認したのは、同僚の何人かが公務上の任務でかなり遠くまで派遣されたことです。彼等はしばらくして頭を短く刈り込んだ姿で帰ってきましたが、戦争勃発直前、再び出発していきました。私達は、この者達は何か秘密の国家事項に関係している、ということだけ聞かされました。二つの警察署の一つのテレタイプ係が、特別な宣誓への署名を拒んだために係を罷免された、ということも聞きました。だがこの罷免は第二次大戦勃発直前の時機にだけ適用されました。

当時私は、指揮官のシェーファーがテレタイプで直接ベルリンのハイドリヒと連絡をとっていることは知らされていました。夜の当直任務の中にはテレタイプの操作も入っていましたが、これは特別に決められた人物しか扱うことはできませんでした。署名を拒否した署員に代わって、別の者がテレタイプの操作を命じられました」。

署名を拒否した署員が誰だったのか、もしくは、保安上の理由で一時的にその職務から遠ざけられたのかは、今となっては明らかにできない。しかしいずれにせよ、シェーファーの執務室からメールホルンは仕事をしたのだ。それについてメールホルンは、

「オペルンでの私の任務は、ホーホリンデンとピッチェンでの国境紛争の準備において、いかなる支障も起きぬよう監視することでした。本当の出撃計画は襲撃隊長だけが把握しており、彼は私にその都度、自分の目論見について教えてくれました。私は出撃陣地の特徴を観察し、出撃のための参考にしました」。

シェーファーの代理で、この時SS大尉で下級事務官でもあったヨアヒム・ドイムリンクはメールホルンの立場をこう表現している。

「私は、当時メールホルンが一時オペルンにもいたのを覚えています。それは全ての案件の指揮のためです。メールホルン以下数名はシェーファーの執務室あるいはオ

ペルンのホテルにいました。このグループのためにテレタイプが設置され、私はそれを転送するかあるいは直接手渡しすることになっていました」。

このオペルンでの中央指令所以外に、襲撃出動の直接指揮のための前線司令室がグライヴィッツのゲシュタポ支部に置かれた。メールホルンからの命令はそこに届くはずで、それによって行動が開始されることになっていた。これについてメールホルンは、

「当初予定されていた出撃期日の一九三九年八月二六日、私は指令通りグライヴィッツのゲシュタポ支部にいました。そこにはベルリンのハイドリヒとのテレタイプがありました。ここからは憲兵隊とも常時電話がつながっており、近くにはヘルヴィッヒとトルンムラーの隊が布陣していました。さらにラッシュの隊とも電話がつながっていました」。

だがこれでもまだ解決されない問題があった。それは、「大きな雷鳥」の合言葉が入った襲撃隊にどうやって合言葉「アガーテ」を伝達するかであった。襲撃隊本部は襲撃予定地から数キロも離れており、無線は機密保持上の理由から使用不可である。しからば伝令しかない。これについてメールホルンは、こう確認している、

「この指令は一部は電話で、一部は伝令によって伝えられました」。

グライヴィッツのナウヨックスの本部に「祖母死す」の合言葉を届けるのには何の困難もなかった。ナウヨックスはグライヴィッツの本部で、人づてにあるいは電話でこれを聞いた。のちに証言しているように、彼はハイドリヒから直接指令を受けていた。

第6章 ポーランド軍服の調達と特殊任務要員の兵役免除

ホーホリンデン税関への襲撃用に使うポーランド軍服を調達するには、ＯＫＷの対外防諜局長ヴィルヘルム・カナリス海軍中将を通さなければ不可能だった。ＳＤがこの種の品の在庫を自由に使えるわけではなかった。これについてシェーファーはこう説明している。

「戦後になって知ったことですが、ハイドリヒはヒトラーを通してカナリスからポーランド軍服を調達したとのことです。知られているように、ハイドリヒはカナリスとは不和でしたから、決して自分から近づこうとはしませんでした」。

ポーランド軍服の調達にヒトラーが関わって手助けしたというのは、対外防諜局（アプヴェーア）第二課長ラホウゼンの日誌の一九三九年八月一七日の記載とも一致する。ここで特にこう言っている。

「総統は局長カナリス提督に以下のような指示をあたえた（ここでは第二課に該当する部分だけを選んである）。

（1）　SS国家長官ヒムラーの作戦のため、一五〇着のポーランド軍服の用意（第八軍情報参謀ディングラー大尉への指示）。武器とともにこの軍服を引き渡す件。第二課への指示は兵站参謀バウン大尉と協力して不足している備品を調達する件。

　私の問い合わせ、なぜ当該の作戦にマンシュタイン将軍が要望していたポーランド軍服姿の第三突撃大隊による出撃が却下されたのか、については、同じ地域でヒムラーSS国家長官の作戦が実施されることになっているので、と回答あり。これは、いかなる状況下でも国防軍を非合法な性格と言われかねない作戦に関係させてはならぬ、との総統からの要望による、とのこと。

（2）　この作戦に必要とされる人員の兵役免除について……」。

同じように、当時陸軍参謀総長だったフランツ・ハルダー大将の一九三九年八月一七日の日誌にも次のような記述がある。

「カナリス——ヒムラーとハイドリヒがオーベルザルツベルクに。ポーランド軍服一五〇着と附属品も（トルンムラー）。オーベルシュレージェン」。

このように、ヒムラーとハイドリヒはポーランド軍服のために、ヒトラーをその住まいであるオーベルザルツベルクまで訪問したのだ。その際、タンネンベルク作戦の準備状況も検討されることになっていた。これは事の経過から明らかになる。

ヒトラーからの指示にもとづいて、ハイドリヒは当時SD第三課長（対外諜報）のハンス・ヨーストSS上級大佐に、ただちにカナリスとの交渉にとりかかるよう依頼した。ヨーストの戦後の証言では、ポーランド軍装備の要望についてのより詳しい内容と引き渡しの時機について、カナリスに打ち明けたという。ただしヨーストは、何のためにポーランド軍服が必要なのかの詳細については打ち明けなかったという。これは、一九三九年八月一七日の、OKW総監ヴィルヘルム・カイテル上級大将との会談に関するカナリスの日誌の記述からも判明する。

「私はカイテルに、ヨーストとの話し合いについて報告した。だがカイテルは、自分はこの作戦に関わることができない、なぜなら総統は自分に何も伝えなかったから。彼はただ自分にこう言っただけだ、OKWはハイドリヒにポーランド軍服を調達せねばならない、と。カイテルは私が参謀本部に連絡したことは了解している。しかし彼はさらに、自分はこの作戦をさほど重視していない、だがそれが総統から命じられたものであれば何も手を出してはならない、と」。

一九三九年八月一七日のアプヴェーア第二課の日誌で詳述されているのは、ブレスラウでアプヴェーアの支部を指揮することになったディングラー大尉に再度あたえられた指令である。それによると、必要な軍服と備品の在庫がなければ、最寄りのアプヴェーア支部に請求すべきことになっていた。この日誌の別の記述によると、すべての必要物はハイドリヒから通達の二日後、すでに手渡しされていた。同日誌によると、

「一九三九年八月一九日に、クチュケ曹長指揮の二台のトラックが、ポーランド軍服と装備を積んでブレスラウから到着した。ブレスラウからの車両と積み荷の受け渡しはラッツSS大尉に」。

「この作戦に必要な人員の兵役免除」は不可欠のことだった。なぜなら、万一の召集あるいは秘密の動員の場合に、これらのSSと警察関係者がその対象になってはならない。「兵役免除」なのだから。もし彼等が召集されても即座に出頭しなければ、彼等は追跡捜査をうけるだろう。そうなれば配属先の国防軍にも、さらには部外者にも、オーベルシュレージェンでのSSの特別行動に関連したヒントを与えてしまうことになる。あとでこのヒントが事情によっては、偽襲撃と結び付けられかねない。そのためにヒムラーとハイドリヒは兵役免除の件について、ヒトラーに骨折りをしたのだ。これに対応した命令がすで

に一九三九年八月一九日のアプヴェーア第二課の日誌の記述に存在する。

「一九三九年八月一九日、午後一時。フランケンベルク中佐が作戦参謀を通じて三六四名分の名簿を渡された。それはＳＳの特殊作戦のために除隊する予定者のもの」。実際にこの人数が襲撃隊に属するＳＳ隊員と警官、そして運転手まで含めたものかどうかは確認できない。

第7章 ホーホリンデンとピッチェン襲撃のためのベルナウでの特殊部隊編成と訓練

その一方で、特殊行動のための人員が集められた。すでに八月初めに、立案会議よりも早く、ハイドリヒがそれに対応した措置を取り計らっていた。このことは、元SS中佐で当時ベルリン近郊のベルナウのSSフェンシング学校長だったカール・ホフマンの証言から判明する。

「一九三九年八月一日よりすこし後でした。フェンシング学校生徒は特別任務のため召集され、学校の施設も閉鎖されました。私が執務室にいると警備員が報告にきて、校庭にSSの大佐と中佐が無許可で歩き回っている、と言いました。それで私は出ていき、二人に自己紹介しました。ただし軍隊的には、先に彼等の方から報告するのが正しかったのでしょうが。この二人は、プレッチュの国境警察学校長トルンムラーSS大佐とベルリン・シャルロッテンブルク保安警察指揮官学校長ヘルヴィッヒSS中佐でした。二人は私に、ハイドリヒの命令でやってきたこと、私個人への通知が誤って下達されなかったことを説明しました。しかし、なぜ二人がここを視察しにきたのかについての詳しい説明はありませんでした。この時まで私は、この二人とは個人的に面識はなかったのです。翌日、私はハイドリヒの主任副官ポンメ警察少佐に呼ばれ、ハイドリヒからの指令を伝えられました。それは、近いうちに特殊任務のためにSS隊員の大きな部隊が、厳重な機密保持のもとに、当校に到着するとのことでした。この部隊の総指揮はトルンムラー大佐で、ヘルヴィッヒが補佐ということでした。プレッチュとシャルロッテンブルクの学校のSS将校と下士官で編成された第一陣が翌日到着しました。この部隊の総員は一二〇名でした。私は彼等のための宿舎と食事の手配をまかされました。

第一陣が到着して一、二日後、トラックで約八〇名ほどのSS隊員がベルナウにやってきましたが、全員が私服でした」。

輸送はつづいた。SS隊員と警官はポーランド語に堪能で、そのことでこの人員達の正体が分かる。彼等は――すでにベルリンでの立案会議の際にも確認された――若すぎず、十分に軍人として教育されていたはずである。彼等はテレタイプや電話による召集理由の明示なしに、ゲシュタポか刑事警察（クリポ）あるいはSDの所轄を通して召集された。彼等は自分でベルリンのヴィルヘルム街のSS国家長官の本部の中のSD本部に出頭せねばならなかった。元SS上級曹長ヨーゼフ・グルツィメクは、のちにポーランドに配属されてその地の強制収容所での犯罪の廉で処刑されたが、一九四七年七月一〇日にダッハウでの尋問でこう証言している——この尋問は「ポーランド戦争犯罪調査団」の委託で行われた。

「一九三九年八月中旬、私は電報でベルリンのヴィルヘルム街のSS本部に呼び出されました。私が到着すると、多数のSSの関係者に会いましたが、皆が私同様に出頭命令をうけていました。そしてこの日に、我々は密閉されたトラックでベルリン近郊のベルナウの森の中に設置されたSSフェンシング学校に行き、そこで藁でできた非常宿泊所に泊りました。ここで確認したのは、全員がオーベルシュレージェンの出身だということでした」。

それからどう事が運んだかは、当時SS曹長兼巡査部長だったゲオルク・Kが証言している。彼はオペルンのゲシュタポ支部から、二人の署員とともにベルナウに派遣されてきたのだ。

「その二、三日後、我々はベルナウで全員の私物、すなわち衣服・身分証明書その他の書類・結婚指輪その他の装飾品を引き渡さねばなりませんでした。我々は代わりに下着と作業衣を支給されました。外界との連絡は一切遮断され、厳重な外出禁止措置がとられました。手紙は検閲され、ベルリンの『ポッター&ミュール』という偽の住所宛てで配達されましたが、家族に書くのが許されたのは二週間だけでした」。

最後には多数のＳＳ隊員が合流した。当時ラティボアの国境警察本部に勤務していた元ＳＳ軍曹ハインリヒ・Ｗは、こう証言している。

「私がベルナウで会ったのは、同時に派遣されてきた多数の警官と一般ＳＳの関係者で、私が見たところざっと二〇〇人以上いました」。

実際にベルナウに送られたＳＳの関係者は三五〇人以上になった。ゲオルク・Ｋも警察から派遣された。彼は一九二三年から一九三六年まで、国軍のちに国防軍に勤務し、最後は上級曹長だった。彼はベルナウのフェンシング学校での経験をこう証言している。

「それから我々は三隊に分けられました。第一隊の指揮官はＳｔ警察大尉で、第二隊はＫ警察中尉、第三隊は私でした。八月いっぱい、全員が軍事訓練をうけました」。

全体の指揮をとったのはヘルヴィッヒだったが、昼間はトルンムラーとともにずっと校舎内にひきこもっていた。訓練の様子は元校長のカール・ホフマンが証言している。

「訓練は最初、中庭で行われました。というのも、彼等（SS隊員）が近くを通る自動車道路と歩道から見えないようにしなければならなかったからです。それからSS隊員は国境警察の灰緑色の制服に着替えて、戸外での訓練に切り替わりました。夕方には彼等は酒保付きの大食堂で元気をとりもどし、ドイツ語とポーランド語で歌をうたいました。どのSS隊員もポーランド語に堪能で、なかにはポーランド軍に勤務した者も沢山いました。この夕べの集まりで、彼らが他のSS隊員に、ポーランド軍の服務規定を教えることになりました。すなわち、敬礼のやり方をはじめ、あらゆる兵士の立ち居振る舞いについてです。これ以外にトルンムラーの指示で、SS隊員の一部を、ポーランド兵士にふさわしい外見、すなわち髭を生やさせ、頭髪は短く刈り込まれました」。

カール・ホフマンはポーランド軍服の到着をこう回想している。

「SS隊員用の国境警察の制服が、数日後、箱と袋に詰めてトラックで運ばれてきましたが、その中には色々な種類のポーランド軍の兵科の服がありました。これにづいて、このポーランド軍服に着替えて体に合うSS隊員をさがさねばなりませんでした。約三〇〜四〇人のSS隊員が試着してみました。試着済みの隊員に衣類バッグが渡され、その中に服をしまいました。さらにポーランド軍の武器も現れ、その中には第一次大戦当時の旧軍のきわめて古い騎兵銃もありました。ヘルヴィッヒは自分用にポーランド軍服一着をとっておかせました」。

のちにヘルヴィッヒ隊が出撃地点に展開する時には、もっと多くのポーランド軍服と装備を支給されている。ほぼ同じころ、ピッチェン営林署を襲撃することになっている民間人の盗賊団も支給をうけていた。それについてはハインリヒ・Wがこう述べている。

「到着してから八日後、我々はシュレージェンに向けて出発する少し前に、乗馬ズボンと上着をうけとりましたが、それは軍服の一部としか思えませんでした。ただ、帽子をあてがわれたかどうかは思い出せません。私の属する集団の全員がいわゆる盗賊団の風体をしていました」。

SS隊員達は何が計画されているか知らされていなかった。それで、様々な憶測が生まれた。最も広く話題に上ったのは、ポーランドへの出撃予定とされる「昇天部隊」についてであった。だが隊員達は詳細を知らされなかったにもかかわらず、文書の形で機密保持を義務付けられることになった。これについてトルンムラーは、一九四七年八月一三日の尋問でこう答えている。

「計画された出撃は『機密国家事項』扱いされました。我々の誰もが、将校・下士官・兵にいたるまで、出撃前に二回も誓約書に署名させられました。もし機密保持を破ったら死刑に処し、一家眷属《いっかけんぞく》を根絶やしにする、との」。

この話はヴィルヘルム・Kの証言でも確認される。Kは戦前、ベルリンのポルシェ商会で働いていて、「SS自動車隊」に属し、商会の試運転でも選抜されている。恐らくこのために、彼はトラック運転手としてベルナウに派遣されたのだろう。Kの証言では、

「ピッチェンでの出撃の前、我々はベルナウである誓約書に署名させられました。それには、もし出撃について口外したら厳罰に処し、親族全員連座という脅しをかけていました」。

夕べにはフェンシング学校の酒保でSS隊員が将校とともに酒盛りをしたが、計画された行動については何も知らされなかった。ある晩、一人のSS准将もしくは上級大佐がこの酒盛りに加わったこともあった。これについてハインリヒ・Wはこう説明している。

「今でも覚えているのは、ある晩、一人のSS高級将校が我々のところに来て、一緒に戦友会のようなものを催しました。この将校は、私の覚えているかぎりでは、襟章に二枚の柏葉をつけていました。私の知るかぎり、SS大佐の襟章は柏葉が一枚のはずで、この将校が大佐より上の階級だったことは確かです。彼は小柄でした。彼はユーモラスな小話をしましたが、我々の訓練の目的については何も触れませんでした。彼のそばに瓶ビールの入ったいくつかの箱があり、彼は我々に瓶ビールを渡し、それから我々は彼の前でポーランドの歌をうたわされました」。

訓練が終わるころ、フェンシング学校の校長もこの出撃に加えられた。彼の回想。

「すべての状況からして、何か『怪しい事』が進められているにちがいない、と結論するにいたりました。しかしトルンムラーもヘルヴィッヒも何も説明してくれません。私も参加したあるビールアーベント〔「ビールの夕べ」の意味〕の時、ヘルヴィッヒが私に出撃への参加をもちかけてきました。彼は私に、ここで何もせずただブラブラしているよりも、自分達に加わる方が良くはないか、と聞いてきました。私は返答して、そのためにすでに用意はしている、もし可能であれば、と。けれども彼――ヘルヴィッヒ――は自分から手配はできないのでした。ヘルヴィッヒは、すでにそうなるだろう、と返答しました。少し後にヘルヴィッヒは私にこう打ち明けました、ハイドリヒまたはミュラーから私の出撃参加への許可をとりつけてある、と。私は個人的に、ハイドリヒが私の参加を承諾したことで私は彼の直属になる、と納得しました。それから私は部隊に配属され、ポーランド軍服を支給されました。それは別のSS隊員から譲られたものです」。

お別れ会のビールアーベントの時、初めてヘルヴィッヒは将校達に何が計画されているかを明らかにした。これについてフェンシング学校長のカール・ホフマンは、

「お別れ会が祝われ、ビールを飲みました。我々が席についていたのは食堂兼酒保の巨大なテーブルで、すべてのSS将校がヘルヴィッヒから、これから予定されている出撃についての大枠を教えられました。彼が説明を始めた時の言葉はまだ覚えています。彼はこう言いました。『本席に連なる諸君、君達は世界史の一つを創り上げることになろう』。我々はシュレージェン地方から出撃して最初にポーランド領に踏みこむ、と。そして同席していた私にこう念押ししました。無事に生還すれば叙勲ものだ、と。それからヘルヴィッヒは全員に、翌朝の出発の時間を知らせて、兵士達をベッドに送るように、と申しつけました」。

SS隊員が退去したあと、酒保は閉鎖され、従業員は解雇された。ヘルヴィッヒが出撃

計画を説明し、翌日、襲撃隊は出発していった。

第8章

グライヴィッツ放送局襲撃のためのナウヨックス集団の編成

ホーホリンデンとピッチェン襲撃のための出撃部隊がベルナウで訓練され、服装を整えられている間に、ナウヨックスはグライヴィッツ放送局襲撃のための自分の集団を編成して出発していった。戦後、彼はある新聞のインタビューで、こう証言している。

「私が行動を起こすのに四八時間かかりました。私はSD以外から六、七名を選びました。ポーランド語ができるのなら誰でもよかったのです。だがSDにはそのような人員はいませんでした。それ以外に我々に必要なのは土地勘のある人間と第一級の放送技術者でした。というのも、きわめて短時間で全く知らない放送局に入って、現在の放送を中断してマイクのスイッチを切り替えさせるためです。それから我々は二台の乗用車でグライヴィッツに行き、二つのホテルに分宿しました。まったく普通の市民として」。

大きい方の集団はナウヨックスとともに、ホテル「ハウス・オーベルシュレージェン」に宿泊した。ナウヨックスの運転手だったフォドル・Jはここで触れた放送技術者ドクトル・Schについて、何も素性も分からない、と戦後になって証言している。

「私はナウヨックス以下数名とともに自動車で、グライヴィッツのホテル『ハウス・オーベルシュレージェン』に向かいました。これには別の車も随行しました。我々全員が、ナウヨックスの指示によって、古い一般人用の手荷物を持っていました。我々に同行した人物について、名前がドクトル・Schであるのは覚えています。彼はその場でSS少尉に任じられましたが、これは異例のことで、その時は妬ましく思いました。我々がグライヴィッツに向かった時、私にはこの旅行の理由も目的も知らされませんでした。出撃の直前までナウヨックスは、グライヴィッツでの滞在の目的について何も告げませんでした」。

ナウヨックスは自分にとって喜ばしい状況にある、と感じていた。何も恐れるような問題はない、と。それは、

「命令をうけとることとそれを実行するのに慣れている人員が問題でした。この点

では我々は半ば軍隊的な作戦に従事していたのです」。

第9章 ヒムラーによるホーホリンデンへの最終的視察

計画立案と準備の仕上がりによって、すでにハイドリヒが通知していたヒムラーのホーホリンデンへの現地視察が可能になった。これについてシェーファーの証言は、

「一九三九年八月二〇日ころ、私は自分の車でグライヴィッツの飛行場まで来い、との呼び出しをうけました。私がそこに行くと、ヒムラー、ハイドリヒ、そしてヴォルフがいました。私はただちに彼等とともにホーホリンデンに行きました。我々がそこに着いた時、もう暗くなっていました。ホーホリンデンの国境地帯を視察した時、私は何度もヒムラーがハイドリヒに、分かった、とうなずいているのを見ました。……この時の機密保持はきわめて厳重で、私はヒムラーをその階級ではなく、『ヘル・ドクトル』と呼ばなければならないほどでした」。

ヒムラーはピッチェン営林署にもグライヴィッツ放送局にも姿を見せなかった。このことは、ホーホリンデンへの襲撃が行動全体の中でどれほどの意味を与えられているか、を強調するものである。ピッチェンの場合は最初からほぼ確定していた。すなわち、無用な紛糾を避けるためポーランド国境を侵犯してはならぬ、と。グライヴィッツ放送局について決して大きな困難が持ち上がってはならないのだから。

ヒムラーがホーホリンデンに現れたのも、機密保持と偽装のためであった。「ヘル・ドクトル」という呼びかけは明らかに、他人に聞かれて嫌疑を持たれぬようにとの細心の配慮から選ばれたものだった。SSの将校は沢山いたが、「国家長官（ライヒスフューラーSS）はヒムラーだけであった。シェーファーはヒムラーとハイドリヒとならんで、もう一人をヴォルフと名指しした。ここで関係するのはSS大将カール・ヴォルフで、ヒムラーの幕僚長である。だがヴォルフは偽襲撃の件では、これ以上登場してこない。

第2部

「よろしい、では君は彼を私服で手に入れるのだ」

「缶詰」として囚人を用意

第1章

ゲシュタポ局長ミュラーによる準備措置

偽襲撃の立案と準備は、タンネンベルク作戦のほんの一部にすぎなかった。これと並行してまったく別に、囚人の移送が実行された。この囚人達はそれぞれ三か所の襲撃地点で死ぬことになっており、それは世論を完璧にあざむくためであった。すなわち、ポーランド人の暴徒が戦闘で死んだ、と信じられることが肝要なのである。ここに格別なまでに現れているのは、ナチス体制が開戦理由を捏造するためにどんな決断をしたかということであり、それがいかに良心の欠如した犯罪的なものであったかということである。そのため、襲撃地点に死体を置いておくために囚人を殺害することは、計画立案の初めからの構成要素であった。メールホルンがのちに証言しているように、すでにベルリンでの第一回全体会議で明らかにされている。

「行動実施についての全体会議で、ミュラーがあっさりと次のような構想をとなえました。すなわち、襲撃地点におあつらえ向きの強制収容所の囚人の死体を横たえる、という考えもある、と。これについては全体に否定的なつぶやきの声があがり、この時の会議ではそれ以上検討しないことになりました」。

ただしメールホルンはその申し立てによると、このすぐあと、ミュラーと個人的に彼の提案について話を蒸し返している。メールホルンの回想。

「私がミュラーと二人だけになった時に、私は彼を非難しました。そもそも、どうしてこのような吐き気を催すような提案を思いついたのか、と。ミュラーは多弁を弄して自分の案を弁護し、強制収容所の囚人はいずれにせよ死んでいるはず、と述べました。そこで私は、ミュラーは某収容所から調達した死体を見ている、と結論しました。この計画立案でのミュラーの任務は、襲撃地点でのいわゆる発生事件をゲシュタポを通じて記録させることにあったので、私は彼にこう言いました。この場合はショーウィンドウのマネキン人形に服を着せたものでも目的を達せられるだろう、と。私はこの時の会話で、いわゆる『缶詰』も含めてすべての提案はミュラーから出たものではなく、彼は単にハイドリヒによって会議に派遣されただけではないのか、出席者達の様子をテストするため、との印象をうけました。私にはなお不明確なまま記憶にこびりついているミュラーの言葉から結論付けると、彼にできることではない、もし

Cが我々に魔法を使って二、三人の死者を用意でもしなければ、ということです。Cとはハイドリヒを指し、彼は当時、みずから諜報活動の模範としてCと称するのが常でした」。〔Cとは Chef の意味で、ここでは諜報部長のこと〕

ここで明らかなのは、作戦のこの部分でミュラーは大きく関与し、かつ権限もあったということである。これを確証する別の証言がある。それは元SS上級大佐で、当時SD本部の中央第三課長（防諜）アルフレート・フィルベルトが一九六四年に発表した供述書にある。

「私は良く覚えていますが、当時ミュラーSS上級大佐はゲシュタポ局長として、ハイドリヒから、強制収容所から襲撃用に死体を調達してくることを任されていました。これは機密保持上、『缶詰』と呼ばれました。ミュラーがどうやってゲシュタポの管轄内でそれを遂行したかはわかりません。だが私がはっきり証言できるのは、この死体は実行場所に運ばれたそのものであり、実行場所で殺されたのではない、ということです。それ以上のことは私は知りません。当時私が知り得たのは、ミュラーがこれらの死体を『調達した』はず、ということだけです」。

ミュラーは「缶詰」準備の責任者として、そのための組織も持っていた。これについて

メールホルンは、

「囚人の選別は、私の見るところ、ミュラーだけが扱えたようです。というのも、彼は当時、予防拘禁課も従えていましたから」。

のちにヘルヴィッヒも、ミュラーが囚人を選別していた、と説明している。当然、彼みずから強制収容所に行ったわけではなく、作戦行動のための選定を決めたのである。ミュラーは計画立案会議で、ゲシュタポがあとで襲撃を「説明する」ことになるはず、と広言している。ただし、彼の広言はただ上っ面だけであった。計画されたそれぞれの実行隊の隊長が事前に「缶詰」を見ていたかどうか、今日もはや解明するすべはない。さらに、どの隊長にも「缶詰」の用途が明確に伝えられたのか、そしてミュラーが事後に詳細を説明したのかどうかも今となっては不明である。それについてシェーファーはこう証言している。

「ヒムラー、ハイドリヒと相談した時、ハイドリヒは私にこう示唆した。国境での襲撃はできるだけ本物らしく作られねばならず、そのため襲撃に際してはポーランド軍服姿の死者をドイツ領内に置いておかなければならない、と。これには私もすぐに疑問を感じ、こう問い返しました。拘置されている囚人から、ただ死ぬだけのために選別するのにどうやって安心させるのか、と。するとハイドリヒはさらにこう打ち明けました。彼等を注射によって意識不明にし、乗用車でベルリンから当該の場所に置くのだ、と」。

ミュラーもオペルンへの視察の道中で、シェーファーとこの件について話し合っている。それについてのシェーファーの証言。

「移送の前に一人の医師が囚人に麻酔注射をする、という方法で囚人を死なせるのを私は知りませんでした。ずっと話題になったのは、『缶詰』に採用されるのは死刑判決をうけた囚人のはずだ、ということです。そのような説明は私にとっては一種の『精神安定剤』に思われました。私が思うにミュラーは、私にこのような説明をすることによって、『缶詰』移送計画に気付いた場合に私をあまり驚かせないためではなかったか、と」。

襲撃隊の個々の隊員に、死んだ囚人を横たえさせることを知らせる必要はなかった。ただし、驚愕させて予期せぬ反応を起こさぬために、各隊長には知らせていた。ナウヨックスがオペルンに向かったのは、そのような通達をうけるためだった。ミュラーがそこで待っていたからである。ナウヨックスの証言ではさらに、グライヴィッツ放送局での「缶詰」についてもすでに話がされていたという。彼はミュラーとの会話をこう説明する。

「私は電話を通じてミュラーに声高に伝えられたハイドリヒからの命令を、ミュラーの本部があるオペルンでうけねばなりませんでした。ミュラーが言うには、一二〜一三人の有罪判決をうけた犯罪者にポーランド軍服を着せて、その死体を事件の現場に置き去りにしなければならない。それで彼等がテロ活動の最中に死んだ、と見せかけるためである、と。そのため囚人達にはあらかじめ致死性の注射を打っておくが、それはハイドリヒが雇った一人の医師によって実行される。死体には銃創も付け加えねばならない、と。テロ活動終了後、新聞その他報道関係者や一般人を現場に呼びよせる。さらに警察による報告も仕立て上げる、と。

ミュラーは私に、グライヴィッツ放送局にもそのような『缶詰』を残置することになった、と言いました。もともとは、グライヴィッツ放送局への襲撃では『缶詰』の搬送は予定されていなかったのです。

ミュラーは私に、彼が放送局に運ぶことになっている『缶詰』にもポーランド軍服を着せることになった、と説明しました。私はミュラーに、私がグライヴィッツで引き起こすことになっている行動は、ポーランド人の暴徒の身なりで、すなわち平服で実行され、偽装したポーランド兵によってではない、という点を念押ししました。ミュラーは『それでよい』と言い、『そして君は彼等を平服のままでうけとる。君の行動開始は午後八時ころで、それから一〇分以内に私が「缶詰」を放送局に運び込む』と言いました。私は行動の際、二人を外に配置して、放送局への立ち入りを可能にする、と彼に伝えました」。

だがグライヴィッツ放送局作戦の指揮官としてのナウヨックスだけが、死体とともに計画された犯罪について知っていたのではない。ミュラーの示唆によって、恐らく偽襲撃に加担したらしい他の多くのSS将校達もこのことを知っていた。これについての確証は、オペルンのゲシュタポ支部長代理のドイムリンクが提供している。

「メールホルン集団でのそれに関係した会話から、私は、国境紛争との関連で死体が移送されることになっている、と結論づけました。この移送はメールホルンの集団ではなく、別の集団が担当することになったとのことでした」。

このドイムリンクの証言から明らかになるのは、死体輸送のためだけに特殊部隊が編成された、ということである。その格別に犯罪的な性格のために、この部隊では他のどの作戦の場合よりも厳重な機密保持がなされたはずである。この「缶詰隊」は、これからの経過で明らかになるように、他とはまったく独立して行動した。すると、この犯罪について見聞する者の範囲を極力小さく限定しつつ、特別に「信頼できる」人員を選ばねばならないことになる。

第2章

ザクセンハウゼン強制収容所からの囚人の移送（「缶詰」行動）

ヒムラー、ハイドリヒそしてミュラーの計画によると、最後に囚人を「缶詰」として用意することになっていた。当時ザクセンハウゼン強制収容所の政治課長だったSS少尉ヘルムート・Dはこう回想する。

「大戦勃発のすこし前、かつて政治課で私の部下だった者から次のような連絡がありました。何かの案件のために予防拘置所から囚人を必要としており、それについてどうか政治課から囚人を回してほしい、と依頼があった、というのです。それについて彼は、その囚人の名前を拘置所から知らされていました。しかしその男の名前はこちらの登録カードには記載がなく、当収容所でも見たことがない人間でした。これは私にとってまったく考えられないことで、というのも、政治課のカードではどんな場合でも最低限、入所者と出所者については正確に把握しているからです。もし一人でも囚人が入所している、あるいはいたことがあるとすれば、政治課のカードに登録されるはずです。私は事の成り行きから判断して、収容所長の副官に連絡して、こんなことは絶対あり得ない、一度も入所したことのない囚人を登録するとは、と注意しました。そこで副官は事の次第をメモして、私にこう約束しました、この一件を解明する、と。後になって副官が私に事の次第を折り返し伝えてきました。『この男は「缶詰行動」に属する。貴官は記録カードの裏に書きとめておかれたい』。

数日たって副官から、さらに一〇〜一二人の氏名が伝えられ、私はこう指示されました。これらの囚人の記録カードの裏面に見出し語を貼っておくように、と。もしもこの人間達についての照会や再質問がきたら、収容所長に事の次第を伝達して処理すること、と。囚人については、記録カードに『缶詰行動』の備考をつけ、一部は『緑』すなわち常習犯として、他は予防拘禁者あつかいで。こうして『グライヴィッツ放送局』行動のための囚人が確定したことについて、その時私はまったく思いもよりませんでした。この副官は戦争中、ポルタワ近郊で戦死しました」。

この時ザクセンハウゼン収容所で確定した囚人の氏名は判明している。彼等の扱いは「政治犯」としてであった。さらにその中の一人は「常習犯」を意味する「BVer」と記載された。彼について知り得るのはその名前である。他の三人はあとで収容所につれもどされている。囚人の氏名と出身地については、当時収容所の最古参の囚人だったハリー・N

が証言している。

「一九三九年八月に、四人の囚人が政治課の指示で独房棟に連れてこられました。これは、ハンブルク出身のルードヴィッヒ・Wとハリー・フォン・B、ブッパーターール出身のヴァルター・Sch、そしてベルリン近郊のシュトラウスベルク出身のヴィルヘルム・Bでした。このうち、ルードヴィッヒ・Wとヴィルヘルム・Bは九月に収容所にもどされました。この移送の時、一人のBVerが加わっていました。私はただそいつの名前がマックスということ、そしてアーヘン出身だということしか知りません」。

ザクセンハウゼン収容所の囚人事務室に勤務していたルドルフ・Wは、この時、四人の政治犯が労働班から政治課に連行されるのを目撃し、こう証言している。

「一九三九年八月二〇日ころ、私は報告班長から、四人の囚人をその労働班から所内につれてきて、戸口に立たせておくように、との指示をうけました。私に指示を与えた時、報告班長のDは二、三の書類と囚人の顔写真何枚かを持って部屋に立っていました。約一〇枚だと思います。そのすぐあと、私は懲罰班に入れられている二人の囚人を所内につれてきました。私はこの二人のほかに別にあと二人を戸口から五メートル離れて、電流の通った塀の方に向かい合わせて立たせました。なぜこんなことをするのか私には分かりませんでした。四人全員がD以下SS将校による綿密な検査ののち、間隔を保ちながら一列行進で独房棟まで歩かされ、個別の房に入れられました。きっと彼等は収容所の統計課につれていかれたのでしょう」。

この証言から、ザクセンハウゼンで囚人達の選定にあたったのは、同所に所属していないSS将校だったことが分かる。彼等は同所の政治課の助けによって決定を行った。メールホルン、フィルベルトそしてヘルヴィッヒの申し立てによると、すでにハインリヒ・ミュラーが支配していたゲシュタポの第二課で事前の選定がなされていたという。同課の第二班は予防拘禁と強制収容所の担当であった。そうすると、ザクセンハウゼン強制収容所の幹部達がすでに「缶詰」の選定について知らされていた、というのは機密保持上、ありえないことになる。それはまた、後での問い合わせによって初めて「缶詰行動」という隠語が所内の文書に記載された、ということも判明している。囚人ルドルフ・Wは四人の囚人の移送を目撃していた。

「一九三九年八月二五日ころ、警報によって『所内封鎖』が発令されました。これは、即座に囚人を監房外に出すな、という意味です。そのすぐあと、ブロック長によって門が開けられ、三、四台の黒塗りの乗用車が高速で独房棟に走っていきました。

その約三〇分後突然、囚人事務室でブロック長室の振鈴が鳴りました。これに続いてすぐに一人の『伝令』がやってきました。所内封鎖のため、私は所内を動き回ることは許されませんでしたが、私は門めがけて走りました。もし私がこの信号によって即座に門まで走らなかったら、私にとってはなはだ不愉快な結果になっていたかもしれません。門まで行く途中で、例の乗用車が独房棟から走ってくるのを見ました。そして車は私とほぼ同時に門に着きました。それで私はやむなく、開門を手伝わなければなりませんでした。自動車が通過する時私が見たのは、四人の囚人が四台にそれぞれ一人ずつ後部座席にすわらせられていて、厳重に拘束された姿勢であったことです。翌日、この四人は『移送中』として、所内労働力から抹消されました」。

いわゆる「常習犯」も同じやり方で連行されたはずである。もしもその移送が「所内封鎖」に乗じて行われたとしたら、彼はまったく気づかれずにすんだはずである。おそらく彼は夜中に連行されていったのだろう。

移送からザクセンハウゼンに帰還するまでに体験したことを、この囚人ルードヴィッヒ・Wは次のように語っている。

「私は三日間独房にいました。それが終ると、夜の一〇時半ころ私物を返却されました。ただズボンつりと靴ひもはありませんでした。それから髭を剃られ、手錠をかけられ、二人の私服刑事に付き添われて、自動車で私の知らないベルリンの駅につれていかれました。それから私は付き添いとともに、貸切のコンパートメントでブレスラウに行きました。私はブレスラウの刑務所の独房に入れられました。今でもはっきり覚えているのは、各房を通って沢山の水道管が走っていたことで、房の天井にはまばゆいランプが取り付けられていて、短い間隔でパッと輝くことでした。およそ一〇日後、取り違いがあった、と告げられました。それから私はザクセンハウゼン強制収容所に帰され、一九三九年九月末から一九四〇年五月一一日まで、不可解な容疑で逮捕され、独房に入れられました。私が正確な日付を覚えているのは、それがある知り合いの誕生日だからです」。

強制収容所にもどされてからも、この三人はおそらく何か月間も独房に拘禁されていたはずである。それは、この移送とその目的について誰にも口外させないためであった。ここでもやはり厳重な機密保持。これについて、収容所最古参の囚人だったハリー・Nによると、

「彼等は再び独房にもどされました。彼等が元の収容所にもどされる前、報告班長が私を呼んでこう言いました。『気をつけねばならないのは、帰還した囚人の体験を他の囚人に聞かれないようにすることだ。もしそんなことをした者がいれば死刑にし

てやる』。常習犯マックスは私に、彼等はブレスラウの刑務所にぶちこまれていた、と言いました。彼はある晩、となりの房から一人の囚人が連行されていくのを見た、窓からのぞくと、『よれよれの服』を着た武装兵が一台のトラックに乗り込んで走り去った、とのことです」。

しかし囚人書記のルドルフ・Wは、帰還した囚人達と短い会話をかわす機会があった。彼から明らかになったことは、これらの囚人はおそらくシュレージェンに移送される前、短時間、ベルリンのプリンツ・アルブレヒト街のゲシュタポ本部の独房に入れられていたらしい。ザクセンハウゼンに帰ってこなかった二人について、ルドルフ・Wはこう証言している。

「ヴァルター・SchとハリーＢについては一九三九年一二月になって初めて知らされました。一二月四日に囚人事務室に指示があり、二人はこの日をもって収容所労働力から削除する、と。死亡のため」。

ザクセンハウゼンで選定された囚人は最初、ブレスラウの刑務所に入れられた。これはルードヴィッヒ・Wと「常習犯」マックスの説明で明らかである。これに対して、解明不能なのは、「缶詰隊」はひとまず国境付近のどこかにいたのか、それとも直接出撃地点に向かったのか、という点である。もし同隊が時間通りに命令をうけとっていたとすれば、直接現地に搬送したことになる。ただし、それでは失敗の危険も大きくなる。これについて、シェーファーの証言では、

「すでに一九三九年八月三一日の八日前、ポーランド攻撃とそのためのポーランド国境侵犯が計画されていることを知っていました。ただ、私の知らない理由から、攻撃はすこし後に延期されました。さらに私が知ったことですが、最初に予定されていた攻撃のちょっと前、ベルリンからゲシュタポの検事が乗用車隊を走行中の機甲部隊の車列に入り込ませたのです。これに対して、部隊の指揮官の将軍から非難をうけました。当時私が耳にしたのは、この検事は車内に意識不明となった囚人を乗せていた、とのことです」。

「缶詰隊」はかように組織上の難点をかかえ、結局は以下のような決断をせざるを得なくなった。すなわち、「缶詰」はホーホリンデンにだけ横たえる、と。ピッチェン営林署で同じ行動はやらない、グライヴィッツ放送局への襲撃のための何か秘策が見つかるまでは。

第3章

行動のためのフランツ・ホニオクの拘束と「グライヴィッツ放送局」グライヴィッツへの移送

この特別の決定はミュラーがナウヨックスとかわした会話の中から浮上した。ミュラーの譲歩「よろしい、では君は彼を私服で手に入れるのだ」が何を意味しているのか明らかになる。すなわち、ミュラーはグライヴィッツの特殊事情を精査していなかったのだ。独波国境から何キロメートルも離れていて、しかもある程度の大都市で、襲撃の際に射殺されることになっている「暴徒」として、犠牲を用意するには多くの前提を必要とする。死者は、この行動に参加した、と思われるようにしなければならない。世論をそのように信じさせねばならない。最後には警察が事の経過を解明するわけで、そのための犠牲をここに横たえておかねばならない。

よって、犠牲はポーランド・シンパで、すでに世間に知れ渡っていなければならない。これらすべての前提を満たしているのは、農業機械仲買人のフランツ・ホニオクということになった。彼はグライヴィッツ北方の住民約一一〇〇人のホーエンリーベンの出身だった。彼は一八九八年三月の二〇日もしくは二一日生まれであった。

元出納局長マルツィアン・Kは何度もホニオクからの申請書を処理したことがあった。ホニオクはきわめて普通の環境の生まれで、しかし非常に知的で、しかも達筆家として知られていた。彼がポーランド・シンパであることは有名だった。それで彼は一九二一年の蜂起〔ヴェルサイユ条約によって、ドイツ人とポーランド人が混在するオーベルシュレージェンは国際連盟管理のもとで住民投票が行われることになった。しかし少数派のポーランド人はこれに不満で武装蜂起をして失敗した〕ではポーランド側に加わり、赤白（ポーランド国旗）の腕章をつけ、武装していた。彼がかなりの巨頭で奇形的な風貌であることと相俟って、これはかなり人目を惹いた。ホニオクは、一九二三年から一九二五年にかけてはポーランドに住んでいたが、その後再びドイツにもどった。そのあとで彼を立ち退かせるため、調査がなされた。それでホニオクはジュネーブの国際連盟に、国籍取得の件で仲裁裁判を自分から依頼している。ここで決定されたことは、彼がドイツ国籍を取得してもよい、とするもので、その理由は、蜂起のため彼はやむを得ず故郷から退去せざるを得なくなったから、というのであった。

ホニオクはもはや政治活動に従事してはいなかったが、自分のポーランド・シンパを隠そうともしなかった。といって処罰されてもいなかった。今となっては、誰がこのフランツ・ホニオクを犠牲として選ぶよう提案したのか、明らかにはできない。元出納局長Kの説明によると、いずれにせよゲシュタポがホニオクの関係書類を手に入れたところから話は始まっている、という。この関係について、元ゲシュタポのオペルン支部長代理だったドイムリンクは次のように説明している。

「この選定がベルリンのゲシュタポ本部を通して行われたことは見過ごしてはならないでしょう。当時、多数の人間の身上書、それも少数民族も含めて、がベルリンに報告されていました。これらの報告はゲシュタポの管区からと特に対スパイ防諜の管轄からも送られてきました」。

ミュラーはオペルンで、グライヴィッツ放送局用の「缶詰」について、ナウヨックスと相談し、自分で地区のゲシュタポに連絡して、ポーランド・シンパの人間を指名するよう要請したようである。ただしこの時点では、指名される人物について、何がたくらまれているかまではミュラーも口外を許されていなかった。

そしてフランツ・ホニオクは一九三九年八月三〇日にホーエンリーベンで拘束された。その次第を、当時オペルンのゲシュタポ支部の少数民族対策課に勤務していた警察書記のカール・ノヴァクが証言している。ノヴァクは一九六八年、最後の尋問から数か月後に亡くなった。彼の証言。

「第二次大戦勃発の直前でしたが、私がシェーファーの代理の警部補の部屋に呼ばれた時のことです。部屋の事務机に一人のSS少佐がすわっていて、彼の脇に灰色の軍服姿のSS中尉が立っていました。二人とも私の知らない顔でした。これ以外に、ブレスラウから来た警視とドイムリンクが机のそばにいました。私の記憶からして、警視がブレスラウから来たのは確かです。少佐は警視をその階級で呼んでいました。思うに、名前を知らなかったからでしょう。私が席につくと、少佐は口頭で説明しました。『君がきょう見たことは、きょう一日だけでなく、百年後まで絶対に口外してはならぬ』。私にこのような強い調子の口止めがされました。当時私は親友もおらず、偽襲撃について知ったとして、誰にもしゃべるような立場にはなかったのですが。ただちに少佐は、私がポーランド語ができるかどうか質問しました。私が、できると答えると、彼はこう言いました。『では君は警視に同行したまえ。君は自分の錠も持って行くように』。これは手錠のことで、それから私は自分の部屋で待たされました。警視は出発の時、一枚のカードを鞄に入れましたが、それには住所が書いてあるのが見えました。警視とともに私も署の前に停まっているオペルン・ゲシュタポ支部の公用車に乗り込みました。運転はやはりオペルン・ゲシュタポ支部所属の運転手があたりましたが、彼のことは思い出せません。私が後部座席にいる間に警視は助手席にすわり、グロスシュトレーリッツに向けて走り出しました。車はさらにトースト、パイスクレチャムを経て、登山学校のところでホーエンリーベンに向かう街道を曲がり、ホーエンリーベンの居酒屋旅館に着きました」。

この旅館で問題になるのは、レストラン「ヤルツォムベック」である。当時のここの女

主人はホニオクの拘束について、

「私が覚えているのは、ある日——大戦勃発の少し前——前に見たことのない、二人の私服姿の男が地方狩猟監視長のMと一緒に私の旅館にやってきたことです。三人は同じテーブルについて、ウェイトレスのヘレナ・Kにグラス・ビールを二杯注文しました。Mはその時制服姿だったのでアルコールは飲めませんでした。三人は割り勘で払いました。その間に私は昼食を片付け、ヘレナに当時一三歳の息子フリートヘルムを呼びにやりました。ヘレナが戻ってきて言うには、フリートヘルムが監視長Mによって、ホニオクを呼びに行かされた、とのことでした。Mが私に断りもなく、勝手に息子を使いに出したことに腹が立ちました。息子がもどってくる前に、この三人は外に出て行きました。三人が私の店にいたのはおよそ一〇～一五分だったと思います」。

女主人の報告はさらに、息子のフリートヘルムが行ったのは件《くだん》のフランツ・ホニオクではなく、同名の親類のところだったという。フランツ・ホニオクの弟の申し立て、すなわち農業機械を注文したくて待っている客がいる、との口実で彼を旅館におびき寄せた、というのは排除すべきである。

旅館の息子はレストランの前で待っていた警官に、フランツ・ホニオクのところには行っていない、と言ったようだ。それで警視は自分で彼の家に行くことにした。カール・ノヴァクはこう証言する。

「彼は村の方へ動きました。およそ一〇分ほどして、警視は一人の小柄な奇形の男と一緒にもどってきました。私には三〇〜四〇歳くらいに見えました。警視は男の地味なグレーの服の袖を引いていました。警視は男をつれていく時、私服でした。男の様子全体から、私は、男が不意に連行されたのだ、と思いました。男はまさしくうろたえていました。警視はもどってきて、すぐに車を走らせようとしました。これは私が思うに、人目につかないようにするため、村に長居はできない、ということだったのでしょう。男は身長が一六〇センチメートルたらずで、服装からして村の住人でした。彼は明らかに奇形で、濃いブロンドの髪と労働で疲れた手をしていました。

男はおとなしく、落ち着いていて、何もしゃべりませんでした。警視は私に、男と一緒に後部座席にすわらせ、ただちにボイテンの警察署に向かいました。署の中庭で警視と別れましたが、その時彼は私に、『奴をしっかり見張っていろ』と言いました。我々は中庭で約四時間、警視のもどるのを待ちました。ボイテンに着いたのは、私の計算では午後四時ころでした。待っている間に、運転手がパンとソーセージ、それとノンアルコールの飲み物を持ってきてくれました。私は男に拘留中のゆえをもって、飲み物と食べ物を与えました。彼は飲み食いを車の中でしました。また、男が縛られていたことはありません。彼はほとんど無感覚で、頭をうなだれていました。体を動かそうとして、何か言うこともありませんでした。

およそ四時間たって、警視がもどってきました。すでに暗くなっていました。警視は私にこう言いました。『オペルン署にもどってくれ。そして君は奴を拘留してくれ。だが誰とも会わせぬように』。さらに彼はこう付け加えたのです。『この男は匿名のままにしておかねばならぬ。身柄引き渡し証は作成されない』。警視は署にのこり、私は助手席にすわりました。我々がオペルンにもどった時、すでに真夜中でした。

私がうけた命令は、その男を留置場にではなく、資料庫に閉じこめるようにとのことでした。資料庫には窓がなく、入口は鉄格子で遮蔽してありました。庫内には長椅子があり、宿泊できるようになっていました。私は守衛に、デッキチェアを持ってこさせました。夜間の男の監視は隣室にいる守衛に引き継がれました。翌日の午前中、私はドイムリンクに呼ばれ、こう命じられました、『君はこれからこの男をグライヴィッツ警察署の留置場につれていくのだ』。私は旅費として五〇ライヒスマルクをうけとりました。そしてその男を資料庫から解放し、きのうと同じ車に乗せ、同じ運転手でグライヴィッツに向けて出発しました。男はやはり後部座席にすわり、何もしゃべりませんでした。彼は充分休んだようで、とりたてて変わった様子はありませんでした。

正午過ぎ、グライヴィッツ署に着くと留置棟の中庭に停車し、男と運転手は車にのこり、私はゲシュタポ支部に行って、そこにいた一人のSS大尉に報告しました。その大尉はきのうの打ち合わせの時に見たのと同じ人物でした。私が通された部屋にはその大尉のほかに、私服姿の紳士が二人いました。大尉は三つ星の階級章のついた制服を着ていました。私服の二人はグライヴィッツ署のゲシュタポ部員ではありません。そう断言できるのは、私が同署のゲシュタポ部員を全て知っているからです。

私の報告がすむと、大尉はこう命じました、この男をグライヴィッツ署の留置場に入れること、だが一人きりにしておくこと、と。大尉は私にコニャックを二杯すすめました。そして次のような注意をあたえて、私を退去させました、『暗くなったらもう一度車で留置場まで来てくれ』。正確な時間を指定されたかどうかは、今となっては思い出せません」。

以上の状況から推測できるのは、ホニオクはできるだけ目立たぬように拘束され、ホーエンリーベンから姿を消した、ということである。さらにゲシュタポは所轄の警察にもこの件をほとんど打ち明けず、ホニオクの名を登録させないようにした。警察書記カール・ノヴァクが呼ばれたのはそのポーランド語の知識のためである。彼はこの時、フランツ・ホニオクの名を「知らなかった」のだから。

「SS少佐」、「SS大尉」、「警視」、「二人の私服」の全員が「缶詰隊」に属していた、と見てよい。これにオペルンのゲシュタポ支部も加わっていたことは、ドイムリンクの回想から当然のことになる。

「ノヴァクが証言している話や命令の伝達は私の記憶にもあります。ただ、私とノヴァク以外にその場に誰がいたか、というような些事は思い出せません。また、私が会った人達が以前に何度か顔を合わせた事があるかどうかも分かりません。ノヴァクは小さな特別の任務のために出動させられたのです。それは、彼の特別な語学の知識がポーランド系少数民族の住む地域で必要だったからです。何回も拘留が繰り返されるのは、我々の管轄内では特に異常なことではありません。さらに外務省職員も我々の所轄内で職務を続けていました。そして我々の所轄から報告していました」。

この二人のSS将校と警視以外にどんな人物がオペルンにやってきたかは判明していない。当時、地区狩猟監視長でホーエンリーベン出身のMが覚えているのは、ホニオクに使いを送ったことだけである。警視とその御供が何をしようとしていたのか、Mは知らない。こう前提してもよいだろう、つまりこの三人（警視、ノヴァク、運転手）はただ、Mを土地勘のある付添人として必要としていただけだ、と。

オペルンで「缶詰」の選定についての話し合いが行なわれていた、などということはほとんどあり得ない。いずれにせよ、グライヴィッツ放送局への偽襲撃まで、あと三〇時間しかのこっていなかった。警視が出張してきたことから、すでにホニオク逮捕は下達済みだった、と結論してよい。また、フランツ・ホニオクは本来ボイテン署に拘留されたのであって、オペルン署ではなかった。これ以外の準備がオペルン署で扱われたわけでないとすれば、拘留の目的を指示する必要もないはずである。かくて、下命された機密保持は厳重に守られていたのである。

このSS少佐と大尉は早々にゲシュタポ支部を立ち去ったようである。おそらくそのために、警視はボイテン署から、自分の直接の上司でないSS将校に、ホニオクをボイテン署で拘留してはならぬことの確認を取らねばならなかったのだろう。すでにこの時、SS大尉はグライヴィッツに向かう途中だったようだ。その翌日、彼はグライヴィッツ署で警察書記のノヴァクと二人の私服の男と会っている。これは誰だろうか――もはや分からない。いずれにせよ、「缶詰」行動に関わるSSもしくはSD関係者。ここから、一九三九年八月三一日に何が起こったかが明らかになってくる。

第3部

「君はまったく気が狂っている」

出撃地点への各隊の配置と保全措置・
一九三九年八月二五日の
ホーホリンデン隊の早すぎた決行とその結末

一九三九年八月二三日、ヒトラーはポーランド攻撃（〝白の件〟）を八月二六日とさだめた。

しかし八月二五日の午後、文字通り最後の瞬間に彼はこの期限を延長する。

よく知られているように、イギリスがポーランドと相互援助条約を結んだからだ。

ヒトラーの攻撃命令によって、ホーホリンデンとピッチェンへの襲撃隊はそれぞれの出撃地点に進出する。

これに対して、グライヴィッツ放送局への襲撃にあたるナウヨックス隊はすでに一〇日以上も前から待機地点にいた。

第1章

グライヴィッツで隊長ナウヨックスのとった措置

ナウヨックスはグライヴィッツで待機中、襲撃の準備にあたっていた。これについて彼の証言。

「さしあたって私に重要なことは、放送局がどのように警備されているか、そして、ドイツ警察の反撃を引き起こさずにどうやって我々が局に侵入できるか、という点でした。だが放送局の警備はとてもいい加減なもので、準備に何の心配もいらないほどでした。私は敷地、特に入口を調べました。意外なことに、保安警官もいませんでした。扉さえ、時々守衛が監視に来るだけでした。このように、万事問題はありませんでした。我々のうち誰も、事前に局の敷地内に踏み込んだ者はいません。我々はグライヴィッツでは、何かの仕事で来ている普通の市民のように振る舞っていました。そして私は、もし必要があれば商人に変装して局を調査する準備はしていました」。

これ以外にナウヨックスの証言で分かるのは、放送局への襲撃の時に読み上げられるはずの声明の本文であって、彼によると「私自身で起草し、それを翻訳させました」。ただしナウヨックスが毎日、放送局の様子を観察していたわけではない。それについては、彼の運転手フョドル・Jが証言している。

「一度私はナウヨックスを車で局につれていきましたが、彼は車から降りようとしませんでした」。

ここではあとになって保安措置がとられているのは確かである。上級郵便局員エリッヒ・Nはかつて放送局に勤務していた。のちに彼は『襲撃』なる表題の報告書で、これについて報告している。

「一九三九年八月二一日ころ、タルノヴィッツ・ラント街一三一番地の放送局全体に、保安のため、当直一人とその他一二人からなる保安警備所が設置され、敷地全体の警備を担当することになりました。同様の措置は警察によって、これ以外の重要対象物にも設置されました。居住者は塀で完全に囲まれた敷地への出入口の鍵を引き渡さねばなりませんでした。出入りは守衛を通してだけで、その場合は呼び鈴で呼ぶことができました。来客は守衛をとおして支配人あるいは居住者に案内されました。八月二八日に守衛は引き上げ、当直一人と六人の警官が配置されました」。

この記述は、当時警察少佐だったカール・Lも確認している。

「グライヴィッツで私の指揮下にあった警察第一区の中には放送局の敷地も入っていました。これはタルノヴィッツ・ラント街にあり、この全域は第四警察管区に含まれていました。

特別に危機的な状況になった場合、我々は同地の警察署の中にいわゆる保安対象を指定します。それには重要な補給施設・交通結節点・橋などで、警察力によって警備するのです。保安対象にはグライヴィッツ放送局も含まれていました。開戦近くなって緊張が目立ってくると、一九三九年の八月の最後の週に保安対象が設定されました。グライヴィッツ放送局の警備は第四警察管区が担当しました」。

しかし一九三九年八月三一日の午後、保安対象だったグライヴィッツ放送局の警備は突然解除になった。カール・Lのさらなる告白。

「一九三九年八月三一日に私はグライヴィッツ署の署長に呼ばれ、私に出動している担当官の現状を打ち明けて、グライヴィッツ放送局の警備を引き上げることになった、それで即刻、局の警備を保安警察に引き渡すように、と言われました。これはSS国家長官兼ドイツ警察総監ハインリヒ・ヒムラーの特別な指示によるものでした。

グライヴィッツ放送局の警備を解除する、との命令は私にはまったく唐突でした。しかし私のいだいた疑問、すなわち、なぜこの対象から私の警察部隊による警備を解除するのか、については、ただこういう説明がなされただけでした。ヒムラーがそういう命令を下してきたから、との。警備解除について当時の警察総監代理で閣僚でもあったSchとベルリンのSS国家本部との間で交わされた電話を、のちに一つの手紙が明らかにしています。それは一九六二年にマルガレーテ・Sch夫人が私の妻にあてたものです」。

この手紙はこう書かれている。

「ある日――三九年八月三一日――の早朝、警察の幹部会に一人のSS中佐が現われ、放送局から警察官を引き上げさせるよう求めてきました。私の夫は警察署長を呼び出し、二人してヒムラーの命令を要求しました。特別至急長距離電話でベルリンにつないで」。

保安警察の警備の人数は前より少なかった。これについて上級郵便局員エリッヒ・Nは、

「毎日正午、警備交代が行なわれ、八月三一日もそうでした。午後四時ころ、新しい警官隊が四人現われて、短時間で交代をすませました。、放送局と住宅とアンテナの間の敷地にわずか二か所にしか歩哨はおかず、三番目の歩哨と当直警官室のあいだに守衛所があり、出入口の受付をしていました」。

この警備の警官はただ見せかけのためだけに派遣されてきたのは明らかである。放送局への襲撃のあいだ、彼等はナウヨックスの一味に抵抗しなかった。ということは、彼等は作戦について知っていたということになる。

最後の警備交代中にナウヨックスには通報があったはずである。結局ナウヨックスがもっとも注意していたのは、いかなる危険も排除することだった。この点は彼も努力している。おそらく、それなりの用心をするように、との指示をうけていたのだろう。これは元グライヴィッツ国境警察隊長だったエゴン・Nの証言からも明らかである。

「私が当時SD本部のナウヨックス少佐と会ったのはグライヴィッツの署です。彼は私服で、グライヴィッツで特別な任務を帯びている、と告げました。『機密国家事項』に属するとのことです。それ以上は聞かされませんでした。

ナウヨックス以外に数人の紳士——おそらくベルリンから——がグライヴィッツに滞在しました。ナウヨックス以下の人達は『ハウス・オーベルシュレージェン』に泊っていました。私は一、二度ナウヨックスに呼ばれてカクテルパーティに行きました。私が夜には退屈しているのを察して、ナウヨックスがそうしてくれたのは明らかです。

戦争勃発のおよそ三、四日前だったと思いますが、私はナウヨックスがグライヴィッツで実行することになっている任務について、もっと詳しく知りました。彼の説明によると、当日の夕方、ニュース番組を放送中、局を襲撃するが、それはポーランド人が起こしたことにする、と。しかし実際の襲撃は彼とその部下によって実行される計画で、部下の一人がポーランド語での呼びかけを読み上げることになっていました。私にこの件を通報するのは義務だと思い、同時にこう言明しました、もし私が襲撃の前に警報装置を作動させたら、国境警察隊長でいられなくなる、と。いわゆる襲撃の実行部隊について、彼は何も言いませんでした。当日の夕方、襲撃なるものは行われず、かわりに開戦前夜の三九年八月三一日にやっと決行されました」。

この証言によると、ナウヨックスはグライヴィッツの国境警察隊長に、八月二五日を本来のポーランド攻撃の日時と告げていたようだ。ということは、ナウヨックスはベルリンから、事前の通知をうけていたはずである。しかしナウヨックスは当の八月二五日の午後から夕方にかけて、何の襲撃準備もしなかった。しかしこの同じ時、ホーホリンデン隊とピッチェン隊は出撃してしまい、あとで呼びもどされている。かくて、ナウヨックスはハイドリヒから特別な情報を得ていた、と言える。これは一九三九年八月三一日夕刻の経過で確認される。

第2章 ホーホリンデン隊とピッチェン隊の出撃地点への進出

「白の件」が発動される少し前、すなわち一九三九年八月二三日朝、ベルリン近郊のベルナウにいたSS隊員全員が出動した。この移送のため、トラックが待機していた。運転手だったヴィルヘルム・Kは、

「約三〇台ほどのトラックでした。オペルンで分遣隊になりました。約一〇台ほどの隊で、私もそれに属し、折り返して前進しました。目的地はピッチェンでした」。

ここから判明するのは、出動したSS隊員のおよそ三分の一がピッチェンでの襲撃のために予定されていたことで、だとすると残りの三分の二はホーホリンデンへと配置されていなければならない。この時ピッチェン隊に属していたハインリヒ・Wは、

「我々はグループごとにトラックに搭乗しましたが、一台につき一五～一六人でした」。

この約三〇台のトラックの列に野戦炊爨車と給養車も加わり、合計で、運転手も含め約三五〇人のSS隊員がやってきた。かつてヘルヴィッヒは二五〇人だと証言したが、それは彼の隊の人員のことだろう。

あとになって出撃計画が大きく変更されたため、最後にはこのSS隊員達の大部分が不要になってしまう。ベルナウから出発する時、ヘルヴィッヒ隊は灰色の国境警察の制服を着ていた。ポーランド軍服は梱包して運ばれた。これに対してラッシュ隊は、すでにベルナウでピッチェン襲撃用の盗賊服に着替えていた。当時、アンドレアスヒュッテの国境監視所からベルナウに派遣されていた警官ゲオルク・Hはこう証言している。

「我々のピッチェン行きは粗末な服装で実行されました。それは事前に渡されていたのです。このほかに私が覚えているのは、我々がドイツ国籍であるのを証明するような書類の携行を一切許されなかったことです」。

ヨーゼフ・グルツィメクはこの当時、SS少佐カール・ホフマンの従卒だった。彼の証言。

「出発前、我々はきっぱりと禁じられました。車の中から外を見たり、他の者に話しかけたり、我々同士で話をしたりするのを」。

車列はまずブレスラウに向かい、午後、ここで糧食をうけとった。これは給養隊長のアルノ・Wが確認している。それから車列はさらにオペルンに向かった。ここで二つに分かれ、ラッシュ隊の約一〇台のトラックはピッチェンめざして北東に向かった。ヘルヴィッヒ隊はホーホリンデンに向かう途中のボイテンで編成された。それについて小隊長のゲオルク・Kは、

「ボイテンでは我々は古い槍騎兵の兵舎に宿泊させられました。夜中にポーランド軍の武器と制服、それにポーランド人ルンペンの服を支給されました。ボイテンで我々に告げられたことは、これからホーホリンデン付近の独波国境に行く、と」。

これらの描写から推測できるのは、すでにベルナウで背嚢にポーランド軍服と武器が詰め込まれていたこと、だが明らかに不足していてボイテンの在庫から補充されたことである。八月二四日に同隊は出撃地点近くに移動した。ヘルヴィッヒ隊はエーレンフォルスト村の居酒屋の広間に集められた。ヘルヴィッヒやトルンムラーなど将校達はホーエンローエ＝エーリンゲン侯の城館に滞在していた。エーレンフォルストに着くと、ヘルヴィッヒ

はメールホルンに暗号報告を伝えた。

「シュナイダー（仕立屋）からシュロッサー（錠前屋）へ。我々は定時に到着し居酒屋旅館の広間に入った」。

同隊は周囲とは遮断されていた。これについてヨーゼフ・グルツィメクは、

「すべての出入口にはただちに歩哨が置かれ、我々は割り当てられた部屋以外の居酒屋旅館の他の部分、特に酒蔵に行くことは許されませんでした」。

これについてヘルヴィッヒの証言。

「注意しなければならないことは、隊員達が一般住民とあまり親密にならないようにすることでした。これまでの規制に加えて、今度はアルコールも厳禁としました。ベルナウ出発からは、一通の手紙のやりとりも許しませんでした」。

SSの将校達はトラックの車列のうしろから、乗用車で追尾してきた。エーレンフォルスト到着の翌日、彼等は国境地帯を視察した。これについてSS少佐ホフマンは、

「指揮官団、すなわちトルンムラー、ヘルヴィッヒ、そして私とその他数人は、到着翌日、二台の乗用車に分乗して出撃地点の偵察を行いました。我々は全方向に用心しつつ、徒歩で国境からの正確な距離をはかりました」。

これ以外にも指揮官団は個別に多くの相談をしている。ヨーゼフ・グルツィメクは、

「それは一九三九年八月二四日のことでした。私はここことホーエンローエ侯の居城で、かなりの人の往来を観察しました。私はホフマンの従卒としてそこに泊っていたからです。前述の将校や下士官以外にも、この城館に精通した多くのSS将校と下士官が現われ、検討に加わり、またすぐに出て行きました」。

ラッシュ隊はピッチェンの居酒屋旅館「ヴィリッヒ・クヴァールティーア」で編成された。トラック一〇台が、旅館の持っている醸造所の中庭に停められた。中庭は塀で囲まれていた。SS隊員は家畜小屋と醸造所の天井裏で寝た。将校の何人かは客室に入った。国境警察官ハインリヒ・Wは、

「トラックの覆いは完全に密封されていて、我々は翌朝まで夜通し走りました。覆

いの小さな鍵の隙間から私は、オーベルシュレージェンにいる、ということが分かりました。それから我々はある旅館の中庭に停まり、トラックを降りて、ただちに一つの建物の外壁にとりつけられた木の階段をつたって、干し草部屋にのぼりました。私の記憶では、三、四台のトラックが我々のいた建物群の脇を通り過ぎていきました。我々を運んできたトラックの残りの乗員たちもそろって下車し、おそらく他の建物に分散させられたのだと思います。これ以後私はそこで彼等を見ていません。干し草部屋には三〇人ほどいました。宿泊設備はきわめて悪く、藁が足りず、それに洗濯もできませんでした。我々は旅館の中庭にいるのに、旅館の中に入るのは許されない、ということに気付きました」。

当時の旅館の主人は元ピッチェン町長で町会議員でもあったが、彼の説明によると、SS隊員はおよそ一三〇人だったという。彼等はピッチェンの住人と知り合いになるのは許されなかった。住人への説明のために、レストランは締め切りとされた。SS隊員はアルコール摂取も外出も禁じられた。彼等のいる部屋の扉も窓も閉じられたままだった。これについてトラック運転手のヴィルヘルム・Kは、

「我々は一つの納屋におしこめられました。我々はできるだけ物音をたてないようにしなければなりませんでした。納屋は密封されていましたが、それは我々が外出で

きなくするためです」。

ピッチェン隊の全員が最終的に襲撃に参加したわけではない。必要ない者には武器も与えられず、開戦になるとベルナウにもどされた。これについてのハインリヒ・Wの証言では——

「我々はおよそ一週間納屋にいましたが、その間何も起こりませんでした。我々はこの宿泊所にきわめて不満で、ただぎりぎりの糧食をあてがわれただけでした。とうとう一人が屋根づたいに水道管をひっぱってきて、そこから少しだけ洗濯ができるようになりました。

およそ一週間して、我々はピッチェンにいることを知らされ、今度はポーランド側が攻めてきたからすぐに帰還することになる、と将校が説明してくれました。その日の午後、我々は再びトラックに乗り、ベルナウに帰りました。しかし今度はトラックの覆いは密封されませんでした。翌日ベルナウに着きました。そこで我々の隊は私物をうけとり、私は自分の部署にもどりました。

我々のグループはピッチェンの屋根裏部屋におしこめられていた間、出発することは全然ありませんでした。我々はずっとそこにいました。もし一度でも夜の外出をしたなら、はっきり覚えています。私はいつも散歩で自然の様子を観察するのに関心があります。もしピッチェンの森を通ったならはっきり記憶しているはずです。だから我々のグループの誰一人として、偽襲撃には参加しなかったと思います。またもし一人でも偽襲撃に参加していたら、帰りの道々、それが話題になったはずです。

私が確信を持って言えるのは、我々のグループには武器も軍装品も支給されなかったということです。我々はピッチェンで武器もポーランド軍服もうけとりませんでした」。

警官ゲオルク・Hもピッチェンに投入されていない。彼の説明。

「我々のベルナウ滞在は一四日間にも及びました。そのあと我々はバスでピッチェン（ローゼンベルクとクロイツブルクの間）まで運ばれました。我々は任務を知らされておらず、その後もそうでした。しかし数日後、知ることになりました。九月一日のことです。全員がベルナウにもどった、と。それから再び国内の任地にもどされました」。

この二つの証言から明らかになるのは、ピッチェン営林署への襲撃は、もともと計画していた約一三〇人ではなく、もっと少数のSS隊員しか参加しなかったということである。本来の予定では、ドイツ領内で見せかけの襲撃をかけるはずだった。しかし実際のピッチェンでの行動に参加したＳＳ隊員の数はずっと少ない。必要のなかった者は行動が終わるまで隊にのこった――機密保持上の理由から。どんな計画だったのかは、最後に投入された隊員しか知らされなかった。ヴィルヘルム・Ｋの証言。

「翌朝我々は、ドイツ領への襲撃は偽装されたものだ、と聞かされました。空に向けて発砲することになっていた、と教えられました」。

最後に、ピッチェン隊の参加者達はドイツ警察に逮捕された場合についての指示もうけていた。これについてのメールホルンの証言。

「ピッチェン営林署は国境にちかく、そこは国防軍が守っていました。だから、ポーランド側から襲撃を偽装するなどということ自体、起こり得ません。そのためラッシュ隊は次のように指示されていました、

万一ドイツ警察によって隊の誰かが尋問されるような場合は、別の国境侵犯について申し立てるように、と」。

こうしてホーホリンデン隊とピッチェン隊は、一九三九年八月二四日～二五日に出撃準備に就いた。

第3章 行動の場所ごとの保全措置

国境での行動をうまくやりとげるには、国防軍、国境警察、国境監視員、税関警備員などと衝突を起こさないことが前提となる。このうち、国防軍との関係では、より次元の高いレベルでの調整がなされねばならない。これについてはメールホルンの叙述で立証されている。

「私がオペルンにいた時、一人の将軍がやってきて、こう説明しました。総統大本営からの命令でやってきた、と。そして、部隊行動中に開けておくべき戦区を確定するためである、と。明らかに彼は我々の計画を知っていて、訳ありの薄笑いをうかべながら、共に行動の下準備にあたることになりました。行動のねらいについての談話は許されませんでしたが、疑いもなく我々（SSと軍）は同じ目的を持っていたのです」。

このように、国境地帯の一部を二、三時間だけ軍の部隊が開けておくことには、基本的に何の問題もなかった。組織上の問題もなかった。国防軍はポーランドの工業地帯を包囲するつもりであったから、ホーホリンデン地区での部隊の動きはほんの少しだけであった。

国境警察はシェーファーの管轄だった。ハイドリヒは最初のシュレージェン偵察訪問の時、彼に命じていた、国境警察は所定の時刻になったら引き上げさせるように、と。ヘルヴィッヒ隊が進出する少し前、地区の国境監視中隊が召集され、一気にホーホリンデンに陣取る、という特別な状況が判明する。この中隊には、管区の人員以外に、国境監視所の係官も含まれていた。国境監視所には要塞設備と対戦車阻塞も含まれており、この時はグロスラウデン管区で国境監視にあたっていた。だが、この難問もすぐに解決する。当時、国境監視中隊長で同時にグライヴィッツ中央税関区所属のグロスラウデン税関長だったオイゲン・Eはこう証言している。

「私がうけた命令は、私の中隊を分隊に割り振って出動することでした。翌日、SSの高級将校（最低中佐）が来たことは覚えています。彼は文書による命令を示し――誰の署名があったかは分かりません――、ホーホリンデンで待機中の私の中隊を引き上げる、それは中隊用の二列車を彼の指揮下にあるSS部隊がホーホリンデンでの特殊任務のために使うから、と。さらに彼は、ホーホリンデンについての詳細をコメント抜きで、私の上級部署であるグライヴィッツの本署まで報告すること、と命じました。

SSの特別行動隊の本来の任務について、私は何も知らされていませんでした。そこで私は上級部署（大隊）にこう問い合わせました、私がこの命令に従ってもよいのかどうか、と。それからその将校は自分の隊とともにホーホリンデンの方角に向かいました。およそ一五〜二〇台の車両で、二列車分の戦力になるはずです。特に目についたのは、野戦炊爨車が随行していたことです。

私が覚えているのは、車両はバスで、どれも覆いで遮蔽されていました。彼等の武装については何も言うことはありません。彼等は灰色の制服を着ていたと思います」。

ここで取り上げられているSS隊とは、SS中佐ヘルヴィッヒとその隊員である。ホーホリンデン税関を時間通りに退去するのは難しいことではなかった。グライヴィッツ中央税関を通して、ホーホリンデンの税関長を電話で呼び出すだけで十分だった。このような指示はこのあとにも与えられる。ホーホリンデンの税関長は税関書記がつとめていた。彼は老齢のため、国境監視隊には入っていない。彼と税関職員はグロスラウデンにまで出向いたが、このような指示はこれまで一度もなかった。いずれにしても小さな衝突と反ポーランド・キャンペーンによって、住民の間で不安を生じさせていた。ある決まった時間に勤務先の建物から退去することになっているとすれば、当事者は何の疑問もなしに、その指示に従った。

ピッチェン営林署への襲撃のためにも、やはり特別な保全措置は必要だった。軍事面では、国防軍の将軍とメールホルンとの話し合いで問題は解決していた。そのあとメールホルンは自分でピッチェンを探索した。

「ラッシュの抗議で本来のピッチェン計画がすでに変更されていたあとで、私はラッシュ隊の現場を観察しました。そこは国境からわずか数百メートルしか離れておらず、まったくちっぽけな森番小屋が孤立してあるだけの場所だったのです。ここにラッシュ隊が来る時にあわせて、森番夫婦に休暇を与えていても、それで近所の住民からの密告を引き起こすようなおそれはありませんでした」。

メールホルンが「森番小屋」と呼んだ営林署は、そこの住民以外に、襲撃を見られるようなことはなかった。国境のこちら側にあるため、ドイツの国境警備隊との衝突を心配しなくてもよかった。警備隊は森の縁を歩き、ポーランドとの国境彼方の牧草地を観察していた。だがラッシュ隊はおそらく、すべての事態にそなえていたはずである。国境警察の中隊はザンドホイザーの監視所に移動し、隊長の少佐はそこの居酒屋旅館に泊っていた。制服を着用しない六人の国境警察官が、オペルンから来たゲシュタポの係官に従っていた。かれらは税関吏と一緒に国境を監視し、そのため、巡視のスケジュールを左右できた。この地区は非常に長く国境に沿っていたため、襲撃の間、営林署近くに誰が入り込んでも簡単に見わけがつくのである。
問題は、森番夫婦への休暇措置にラッシュがどう影響を与えたかである。森番は一九三九年八月三一日よりも前に死んでいるのだが、親しかったある森林研究者にこう打ち明けていた。

「何かが進行中だ。ただ、もし私がそれを口外したら命がない」。

襲撃の翌朝、森番は友人の問いかけにこう答えている。

「何も聞くな、何も聞くな」。

このように、森番は襲撃以前に、何が起こるか知っていたのだ。彼は一般SSの隊員だったようだ。そのため、ラッシュが信用して、彼に仔細を打ち明けていた可能性も排除できない。森番が上級部署であるピッチェン町当局に、自分から休暇の申請をした、というのは無視してよい。のちに森番の夫人は勤務先の役所で、「みすぼらしい身なりのSS隊員が」営林署を襲った、と語っている。それが、彼女が目撃したことか、それとも夫から聞いたことなのかは不明のままである。おそらく夫人は夫の求めで、八月二六日と九月一日の晩はピッチェンにいたのだろう。のちになって多くの住民が、森番は襲撃の時、避難していた、と言っている。

ホーホリンデンとピッチェンでの様々な措置が示しているのは、行動をあらゆる側面から保全するために、どれほど多くの努力が現場の次元まで行われたかということである。

第4章

一九三九年八月二四日～二五日の突発事件（ポーランドのフヴァレンチッツェ税関の破壊）

一九三九年八月二五日夜、襲撃隊は最初の非常呼集がかけられ、二四日から二五日にかけての夜中に、ホーホリンデンとフヴァレンチッツェの中間の国境地帯で事件を起こした。未明に、ドイツ税関の職員は約二〇人の集団を目撃している。彼等は武装し、ホーホリンデンから来て、国境を越えてポーランドの税関に向かった。彼等はドイツ税関に対して、自分達は「オーベルシュレージェン出身の在外ドイツ人だ」と称した。

ポーランド税関にいたのは二、三人の職員だった。ドイツの税関では発砲音と手榴弾の破裂音を聞いた。彼等は「ポーランド人」がフヴァレンチッツェの方向へ逃げ出していく様を目撃した。「オーベルシュレージェン出身の在外ドイツ人」はルダ河の向こうの森の中に身を隠した。メールホルンがこの事件を知ったのは、その供述からすると、一九三九年八月二六日のことであった。

「昼前、警部が連行してきた一人の若いドイツ人への尋問から、ポーランドの小さな税関の建物に若いオーベルシュレージェン人の一団がすでに二日前、窓から丸めた荷物を投げ込んで全ての電話を破壊したことが判明しました。これはヘルヴィッヒが予定通り襲撃をかけ、リュブニクの守備隊に電話で助けを呼ばせることになっていた建物です。この一団はアプヴェーアから委任されて活動している、とのこと。さらに、これらの者にヘルヴィッヒが決行日の朝、作戦を打ち明けていたということも判明しました。

ここから判明した二つの結論とは——第一に、ヘルヴィッヒはその行動開始以前にすでに、自分の任務がきわめて初歩的な点で実行不可能であるのを認識しながら、それを報告しなかったこと。第二は、きわめて疑わしいのですが、アプヴェーアの関係者がSSによって実行されることになっている行動目標を、決行直前に台無しにするよう計算した、というものです。ここからアプヴェーアによる撹乱工作の嫌疑が浮上するのですが、それについては何とも言えません」。

後にヘルヴィッヒが説明したところでは、このポーランド税関に対する行動は「すべてが混乱してしまった」。この出来事を彼が知ったのは八月二五日の朝で、この結果、彼の隊は戦術の変更を余儀なくされた。だがヘルヴィッヒはこのことをメールホルンに連絡しなかった。余儀ない戦術変更はハイドリヒにもあてはまる。たとえ、メールホルンの言うように、（ヘルヴィッヒは）「すでに準備の時に私に連絡もしないで、ひっきりなしにベルリンと現地を行き来していた」としてもであった。

もしもハイドリヒが事件の前にすでに、リュブニク守備隊に警報が伝わらぬよう行動することを決断していたとすれば、彼はそのことを直接ヘルヴィッヒに伝えたはずである。そうしていればヘルヴィッヒは、ポーランドの税関の破壊をわざわざベルリンに通報する、などという余計なまねはしなくても済んだはずである。ずっと前にヘルヴィッヒがSS少佐ホフマンに伝えていた襲撃計画では、フヴァレンチッツェ税関の電話を通じてポーランド側に警報を出させることは予定していなかった。結局、ホーホリンデンでの偽襲撃では、ポーランド領はまったく行動予定の中に入ってはいなかったのだ。

メールホルンによると、一九三九年八月二六日にベルリンは突発事件についての報告をうけて、ハイドリヒは厳重な調査を要望したという。彼がおそれたのはアプヴェーアによる妨害だった。ブレスラウのアプヴェーア支部長のディングラー参謀大尉がベルリンに呼ばれた。彼が事件についての通報をうけたのは、出発前、グライヴィッツの駐在員からであった。駐在員は国境まで足をのばしがてら報告してきた、「この行動に我々がすることは何もない」。誰が襲撃に責任があるのか、またそれが確証可能かどうかも分からない。とにかくメールホルンは、もっと広範な関係者を確認することにたどりつくのである。

「その間、私が骨折ったのは、自分の行動への参加者をもっと獲得することでした。

これはベルリン行きの特別機によってつれていきました。同行した警部は今回の件での私のハイドリヒに対する慎重な態度に、きっぱりとした称賛をしてくれました」。

ベルリンでの尋問の際、アプヴェーアが妨害工作をしたことは立証できなかった。いずれにしても、これらの行動はホーホリンデンでの偽襲撃と何らかの関係があった。フヴァレンチッツェ税関の破壊は偶然にも、ヘルヴィッヒ隊の最初の非常呼集の前だった。結局それが同隊の出撃を縮小されたものにしてしまうのである。

第5章

ヘルヴィッヒ隊のホーホリンデンへの早すぎた進出

一九三九年八月二五日～二六日にかけての夜の、

だがこれから一八時間後には、ヘルヴィッヒは自分の隊を率いて出発していた。彼の証言によると、非常呼集第一段階が届いたのは八月二五日の午後だったという。

「オートバイ伝令が封印された手紙を持って本部に現れました。中には一つの命令が入っていました――『小雷鳥、錠前屋。大雷鳥はおそらく二時まで待機』」。

SS少佐カール・ホフマンはホーホリンデンで一九三九年八月二六日の夜、出撃に参加した。彼の回想。

「八月二五日の夜一〇時頃、我々はトルンムラーから城館の食堂に呼ばれました。そこで彼は我々に、ただ今警報が発令された、と告げ、三〇分以内での出動を命じました。万事が極めて敏速に運ばれねばなりませんでした。私も属していた『ポーランド人グループ』は二台のトラックに乗せられましたが、それには荷造りされたポーランド軍服もありました。我々はホーホリンデンに向けてエーレンフォルスト街道を走りました。数キロメートル走ると、林道の右に監視所を見つけ、トルンムラーはそこにいました。ただちに着替えが命じられました。乗用車で林道を進むと、八〜九台の黒塗りのメルセデスのリムジンが街道脇にホーホリンデンの方向に向かって駐車していました。車列の最後尾は手際よく、林道の入口に停まっていました。特に目についたのは、どの車もカーテンが下ろされていたことです。車の脇に何人かの運転手が立っていましたが、それ以外に人は見ませんでした。長い車列とともに、周りの人も注意を惹きました。彼等はこう談笑していたのです。『ここにどんなお偉方がくるんだ？　総統でもくるのか。それとも我々を撮影するためか？』。

林道にはトルンムラー以外、ＳＳ将校は見当たりませんでした。命令によってポーランド軍服に着替えた我々は、ヘルヴィッヒの指揮下に入り出発しました。我々はできるだけ物音をたてずにルダ河に沿って谷あいの道を進み、ホーホリンデンをめざしました。着替えの時にヘルヴィッヒは時計合わせを行ない、こう説明しました、日の出前――私の記憶では午前四時前――に税関に偽襲撃をかければ成功だ、と。さらに彼は、まず我々が撃たれるようにし、そのための命令は自分が下す、との配慮をしました。指定の攻撃開始時間まですこし余裕があったので、我々は藪の中で固まって野宿しました。税関から五〇〇メートルほど離れたところです。真っ暗な夜でした」。

ヘルヴィッヒは、その証言によると、ポーランド軍大尉の軍服を着ていた。同時にSS隊員達も配置についたが、彼等はドイツ国境警察の制服を着て、「ポーランド軍」からの攻撃を防ぐことになっていた。この隊の指揮はトルンムラーがとった。当時小隊長だったゲオルク・Kの説明によると、今度偽襲撃に参加するのは全員がSS隊員で、どういう計画なのか知らされていたという。

「我々はトラックでエーレンフォルストからホーホリンデンまで運ばれました。ホーホリンデンでは、まだドイツ領内にいるのに我々は散開させられ、後で教えられたことですが、命令によってこちらから先に発砲することになっていました。さらに、こちらの作戦が一種の挑発であることも、あとで知らされました。それ以上にはっきり覚えているのは、ホーホリンデンからポーランド領へとのびる街道上にある税関については、他の隊が任務を担当していたことです」。

「ドイツの」中隊と「ポーランドの」中隊がそれぞれ出撃命令を待っていたあいだに、誰も知らなかったが、ヒトラーが自分の授けた攻撃命令を、発動のわずか数時間前に、撤回させていたのである。国防軍はすでに始動しつつあった戦争マシーンを、もう一度停止させる必要があった。そのため、考えうるすべての通信手段を投入せざるを得なくなった。ハイドリヒはホーホリンデン隊とピッチェン隊の呼びもどしを示唆しておきながら、ヘルヴィッヒの報告がベルリンに達すると、今度は自分から行動を開始した。ただちにハイドリヒは干渉してきた。これについてメールホルンは、

「八月二五日に私は命令によって、グライヴィッツのゲシュタポ支部に行きました。ベルリンからの行動開始のための指令はそこから発せられることになっていました。突然ハイドリヒは、テレタイプで次の言葉を送信してきました。『君はまったく気が狂っている』。私はすでにタイプから第一行を取り出しており、それはヘルヴィッヒが出発した、という文でした。だがそれはベルリンからの命令とは合致しないものでした。さらに私は、ヘルヴィッヒが直接ベルリンとやり取りして、合言葉『大雷鳥』の受信後、ただちに行動に移った、と疑いました。それで私は、ヘルヴィッヒが『大雷鳥』を行動開始命令と取ったのではないか、と思うようになりました。だがテレタイプがなおも受信している間に、偶然にもヘルヴィッヒに送られた中止命令を持ったオートバイ伝令と連絡が取れました」。

実際にはヘルヴィッヒが思い違いをしていたのであり、隠語「大雷鳥」は決定的な場面

での合言葉として取っておかれたのである。そして「アガーテ」が行動開始を発信する合言葉だった。

ヘルヴィッヒが時計を合わせて攻撃時刻を確定したため、彼は「大雷鳥」によって行動を開始するはず、と決めつけてしまった。彼は自分の隊を率いてすでに二〇〇メートルもポーランド領内に踏み込んでいた。彼のもとにオートバイ伝令がきた時、伝令は独軍の制服姿で、まったく変装していなかった。伝令は彼に、ただちに行動を中止するよう求めた。それからヘルヴィッヒ隊はできるだけ物音をたてずに、ドイツ領の線まで引き返した。あわてたメールホルンに何が起こったか。

「我々は雷に打たれたようになりました。伝令がＳＳの連絡用紙に書かれたヘルヴィッヒの撤収を伝える通知を届けた時は。それによると、ヘルヴィッヒは命令通り撤収はしましたが、別の場所で陣地をかまえ、しかもポーランド側からトラックが近づいてきたため、ただちに発砲を命じてしまったのです。その結果、ヘルヴィッヒはポーランド領内でポーランド軍服姿でポーランド軍大尉に扮しているはずなのに、この時武装ＳＳの連絡用紙を所持していたため、もしポーランド側に捕えられたら、即座に反逆者になる。そうでなくとも、次のことが明るみに出てしまう。すなわち、ヘルヴィッヒは自分の部下達を陣地に行かせ、彼等に発砲を命じてしまった、との。これではヘルヴィッヒは、自分のすべきことの反対のことをしてしまったことになります。

もし実際にポーランド側が国境を越えてきたら、彼にできることはただ、任務を残して部下とともに、できるだけ速やかに目立たぬように消えなければならない。当然のことだが、ポーランド軍服姿の人間が本物のポーランド軍に対して発砲する、というのは全く意味のないことです。

ヘルヴィッヒの行いに対しては、即座に対抗策を取る必要に迫られました。私はそこで決心して、自らの責任において命令発出を引きうけよう、と。そこで今度はヘルヴィッヒ宛ての命令に、『SS上級大佐メールホルンの命により』との文言を付け加えて、次のことを指示しました。ただちに占位した陣地から撤収し、不測の戦闘を中止し、出発点まで帰還すること」。

ヘルヴィッヒは自分の隊とともに出撃準備地点に呼びもどされ、そこでトルンムラーに会った。トルンムラーはヘルヴィッヒに、かなり激しい口調で失敗を叱責した。ヘルヴィッヒ自身の証言によると、ここでSS上級大佐ハインリヒ・ミュラーを見つけ、こう質問した。「ここで一体何があったのですか?」。それに対してミュラーは、「歴史は終わった——事態は変わった」。それから襲撃隊は急いでエーレンフォルストに呼びもどされた。SS少佐ホフマンによると、

「我々は大慌てでもどらねばなりませんでした。どれほど急がねばならなかったか

と言えば、着替えを車内ですませねばならなかったほどです。我々が林道までもどった時、そこに停まっているはずのリムジンの姿はもうありませんでした。

我々がエーレンフォルストにもどったのち、隊員達は再び本部に送られ、指揮官団は城館の食堂に集められました。沈鬱な気分が支配していました。それというのも、どうして事がまちがって運んでしまったのかが説明できないからです。この時、リムジンでの会話を思い出しました。そして、リムジンの中に『缶詰』がいたらしいことが次第に漏れてきました。この詳細について教えてくれたのは私の知らない人です。私が『缶詰』とは何か、と質問すると、襲撃地点に置いておくことになっている強制収容所の囚人の取り扱いの予行だったというのです。そんな具合に人間を放置するための予行とは、ひどく危険なことではないか、もし蘇生してもう一度喚きだしたりしかねないのに。すると、その囚人はもう死んでいるから、と教えられました。それ以上は質問しませんでした。リムジンの型については、ベルリンからきたゲシュタポ本部の車両であるのは確かです。ナンバープレートは暗がりのため、はっきりと認識できませんでした。思うに、どの車にも最低一、二人の『缶詰』が乗せられていたのは確かで、というのは各車にそれぞれ付添人がいたことです。ヘルヴィッヒは夕刻に出撃の際、いわゆる『缶詰』を襲撃地点に放置して置くことについては何も口にしませんでした。それを教えたのはホーホリンデンに着いてからのことです」。

これらの説明が立証していること――実行隊長は出撃前に「缶詰」が運ばれてくることを知っていた。これは当然、将校だけに当てはまり、部下のSS隊員は一度も内容を知らされなかった。このことは、彼等が黒塗りのリムジンを見た時の驚きからも察せられる。偽襲撃での「缶詰」については、指揮官だけが知っていればよい。だが素っ気ない命令で十分であったかもしれない。もしも計画された短い見せかけの戦闘の時、SS隊員が「缶詰」を見つけて疑問を持ち、自分はだまされていた、と気づいて行動を中止させる指揮官もいたかもしれない。命令に慣れたSS隊員には、するどい質問にそなえねばならないような必要はなかった。ましてや、「機密国家事項」が関わっているのであれば。

「缶詰隊」は定時に帰還すべし、との命令を受け取っている。こうして特別な命令系統が成立した。

これに対して、ラッシュ隊では、一九三九年八月二五日の夕刻に何の問題も起こらなかった。これについてメールホルンは、

「ラッシュは一九三九年八月二五日に伝達された合言葉を正しく理解しました」。

合言葉「大雷鳥」と「小雷鳥」がピッチェン隊に到達したのは、ホーホリンデン隊とほぼ同時刻だった。二番目の合言葉の時、隊はトラックに乗せられ、出撃準備地点に向かった。だがそれから一時間後には、もう同隊は居酒屋旅館に呼びもどされ、こう告げられた。

帰ってくるまで全部元のまま。

第6章 ヘルヴィッヒとメールホルンの解任

一九三九年八月二五日から二六日にかけての夜、ホーホリンデンでのヘルヴィッヒの所業について、メールホルンはベルリンにこう報告した。

「私はこの突発事にあたり、ただちに自分で事の詳細をテレタイプでベルリンに報告し、即刻ヘルヴィッヒの召還を要求し、この機会に私を任務から解任するよう申し入れました」。

メールホルンによると、八月二六日の朝、ポーランドのフヴァレンチッツェ税関が破壊されたことを知り、しかもヘルヴィッヒからそのことについて報告を受けなかった。彼はあらためてこう証言している。

「私は両方の出来事を同時にベルリンに報告しました」。

ハイドリヒはこの報告をうけとると、ただちにベルリンで会議を召集した。それについてメールホルンは、

「この日かあるいはその翌日、私はみずからベルリン行きを決め、ラッシュとシェーファーをともなってベルリンに飛びました。ヘルヴィッヒが私より前に到着していました。

ただちに始まった会議で、そこにはヨーストやハイドリヒの副官など様々の顔ぶれがいました。まずハイドリヒの側からヘルヴィッヒに激しい非難の言葉が浴びせられ、ヘルヴィッヒは解任されました。そのあと会議では、ハイドリヒの私に対する辛辣な憎しみに満ちた非難がゆっくりと高まってきました。あきらかにヘルヴィッヒはハイドリヒに私のことを密告していました。私がこの作戦行動を批判した時、それに関連してハイドリヒの自己顕示欲と軽率さについて、悪評をまきちらした、と。ハイドリヒは私に激しい非難をあびせ、君は軍人にふさわしからぬ者だ、と特別に強調し、私の指揮権をはく奪して、二度と指揮を許さぬ、と。そして、事の次第を真実に従って解明しようとした私の試みもまったく無視しました」。

するどい個人的な対立はメールホルンが解任されたことで決着した。メールホルンは、「ハイドリヒは凶暴に話し続け、こう解説しました。私がどれほど長いこと今の任務を解除して部内事務職への転属の許可をとることを要求し、政府の副代表として赴任する公算が大きくなるようにしたか、と。そしてさらにけなすような態度で、文官への転出をよりにもよって戦争開始の時に申し出るとは、これは人から軽蔑の念を起こさせるだけだ、というひどく憎しみに満ちた説明をされました」。

ハイドリヒが喜んだことは認めねばならない。ホーホリンデンでの事件のおかげで、メールホルンとその面倒な協力者を厄介払いするチャンスが回ってきたのだから。それについては、ハイドリヒの元副官ノイマンが証言している。

「『御意見番』というメールホルンへの呼び名は私になじみの言葉で、それはメールホルン博士が誰に対しても疑念を持ち上げ、法的な根拠によって異議を持ち出すからです。しかしそれがハイドリヒには面白くないことに思えたのです」。

ベルリンでの会議の数日後、メールホルンは国防軍に召集され、のちにポーゼンの軍司令官付き事務長に任じられた。これとほとんど同時に彼はミンデンの県庁の副知事に任命された。

第7章 ホーホリンデン出撃のための新計画

メールホルンとヘルヴィッヒの召還によって起こったことは、ただ人事面での変更だけではなく、ホーホリンデンでの偽襲撃計画の変更ももたらした。
小隊長ゲオルク・Kの証言によると、ヘルヴィッヒは解任後一度だけエーレンフォルストにもどっている。

「我々全員が城館の広間に集められました。ヘルヴィッヒ上級参事官がトルンムラーとともに現われ、こう言いました。計画ではきわめて多人数による出撃が予定されていたが、ヒトラーがそれは余りに危険、と判断したため、実行はできなくなった、と。予定した人員の三分の一で足りる。この人員はトルンムラーが指揮するので、必要な人員の選定はトルンムラーが行なう、と。トルンムラーは広間に集まった者の中から四〇～六〇人を選びました。私もその中にいました。トルンムラーが必要としなかったのこりの人員は再びトラックに乗せられました」。

だが参加するSS隊員の数が少なくなったというだけではない。まず避けねばならないのは、ポーランド領に踏み込んだりポーランド軍と衝突してしまうことである。ヘルヴィッヒの所業で明らかになったように、作戦全体にどんな危険がひそんでいるか分かったものではない。

指揮権も元のように分担が決められた。ヘルヴィッヒの任務を引き継いだSS少佐ホフマンは、襲撃隊の役割をよく心得ていた。ホフマンの証言。

「私はグライヴィッツだったかそれともこの地方の別のだったか、とにかく飛行場に行くよう命じられました。そこでミュラーSS上級大佐と会うわけです。私が飛行場に着いた時、丁度単発の飛行機が降りてきました。プロペラはまだ動いていて、その脇にミュラーがいました。同行者はいません。

ミュラーは私に、ヘルヴィッヒの役割を継いでホーホリンデンでの出撃の指揮をとるつもりがあるかどうか尋ねました。私はこう答えました、『もし命令とあればやります』。それからミュラーは一枚の地図を取り出し、二人で芝生の上にすわってミュラーはもう一度、出撃計画について説明しました。私は、例のしくじった出撃のために、目標の場所は心得ている、と言いますと、ミュラーは『それなら万事うまくいく』と言いました。これを別れの言葉として、ミュラーは再び飛行機で飛び立ちました。

この時のミュラーとの相談では、『缶詰』についてはまったく話題にのぼりませんでした。もどってから私はトルンムラーに、ミュラーとの相談について報告しました。彼は幸運を祈って、こう言いました『望むらくは、今度こそうまくいくように』。

この証言から、今度はすべての偽襲撃についての中央指揮権がミュラーにある、と見なしてよいだろう。ホフマンの言によると、その後数日間、エーレンフォルストでは「どこも静かな任務遂行の気分」が支配していたという。ピッチェン隊でも、昼間の査閲以外には何も起こらなかった。こうして各隊は次の出撃を待っていた。それはすぐにやってくる――一九三九年八月三一日夕刻である。

第4部

「祖母死す」

「アガーテ」偽襲撃

第1章 グライヴィッツ放送局

グライヴィッツ放送局への行動は偽襲撃全体の幕開けとなるはずだった。ナウヨックスの証言。

「襲撃の詳しい時刻は三日前に決まりました。あとはただ、合言葉によって当該の日が決まるのです。

我々にとってグライヴィッツについて確定していたのは時刻だけでした――午後八時。そもそも午後八時ころには暗くなっていること、第二に、地域の住民が皆自宅にいてラジオを聴いている時間だからでした。といって我々の誰かが独り歩きしても、特に人目につくほど遅い時間でもありません。

八月三一日の午後、四時ころだったと思いますが、ハイドリヒから直接の呼び出しがありました。彼はただこう言いました、『返信を乞う』。私は副官に連絡してハイドリヒにつなぐようたのみ、それからハイドリヒが言いました、『祖母死す』。これではっきりしました」。

出撃に先だって打ち合わせがあった。これについてナウヨックスの運転手フョドル・Jは、

「グライヴィッツ放送局への襲撃の三〇分から一時間前、我々はナウヨックスからホテルに集まるよう命じられました。ナウヨックスが我々に告げたのは、我々の行動はグライヴィッツ放送局へのポーランド軍による襲撃に見せかけることだ、と。この襲撃にポーランド語のできる在外ドイツ人が加わっていました。出撃についての打ち合わせは一回しか行われませんでした。我々は任務の目的についてはすでにナウヨックスから教えられていたからです。

我々はナウヨックスの指示で、持ち込んだ古ぼけた私服に着替えました。そして行動開始前に、万一逮捕された場合でも、我々がドイツ人であることが発覚しないよう、身分を明かすような物は一切所持せぬように、さらに、警察には何も証言しないこと、を申し渡されました」。

これ以外にナウヨックスは自分の隊員達に次のことを知らせてあった。放送局には別の

隊によって一人の男の死体が放置されることになっている、それは射殺された反乱分子だと偽装するためだ、と。これもフョドル・Jの証言で明らかである。

「私は放送局に一人の死人あるいは意識不明の男が放置されることになっているのを知っていました。これは、『ハウス・オーベルシュレージェン』で言われていたのです。私見では、こう言われていたにちがいありません、我々の誰か一人を他の隊に割り当てれば成功するはずだ、と。

これ以外に放送局襲撃の前に言われたことで覚えているのは、放送局に放置されるはずの人間は、拘留あるいは死刑の判決を受けた者、とのことでした。ただ私は、その者がすでに死人となって放置されるのか、それとも注射で眠らされているだけなのかは知りませんでした」。

ナウヨックス隊が出撃にかかろうと用意している時、グライヴィッツ署の留置場では、フランツ・ホニオクを放送局に運ぶための準備がなされていた。そのための最終的な決行指示はミュラーがあたることになっていた。これについてナウヨックスの証言は、

「ミュラーは私とまったく同じように、自分の行動のための合言葉を待ちうけていました」。

警察書記カール・ノヴァクはフランツ・ホニオクを、一九三九年八月三一日の午後にグライヴィッツ署の留置場に運んだはずで、さらに同日の夕刻には再びそこに現れることになるのだが、こう証言している。

「夕刻に私は運転手とともに、公用車でグライヴィッツ署の留置場前で待機することになりました。我々がそこに着くと、留置場の前には黒塗りのリムジンが停まっていて、中に運転手以外に二人の私服の男がすわっていました。これは朝にSS中尉のところで見た者達です。二人は後部座席にいました。

留置場前の中庭で待っていると、あのSS中尉が署の方からやってきました。彼は白衣を着て、まるで医者のように見えました。中尉は中庭をすぎて留置場に行きました。しばらくして彼はもどってきました——ずっと白衣のままです。彼のあとに警視が一人の男と手を組みながらやってきました。男は何か朦朧とした様子に見えました。私は車の助手席から後部に移り、警視が男を助手席にすわらせました。男はすわった時、前に倒れましたが、まったく身動きしませんでした。それから運転手は、黒のリムジンのうしろについていくようにと命じられました。警視はリムジンの助手席にすわりましたが、その間中尉は署にもどり、我々と同行はしませんでした。我々の運転手は命令通り、黒のリムジンのうしろについていきました。運転の間中、その男は何度も倒れかけましたが、きっと中尉がこの男に何か注射をしたのでしょう。それ以外に、この男の有様を説明できません」。

このカール・ノヴァクの憶測は、説明された状況とぴったり合致する。中尉は犠牲者に医学的処置をほどこすと見せかけるため、自分で工面してきた白衣を着ていた。これについては、当時グライヴィッツ警察医務長だったヨハン・Gが証言している。

「開戦の一日か二日前、医務室に一人のSS隊員がやってきました。午後の時間です。私はSSの階級にはそれほど詳しくないので、彼の正確な階級は申し上げられません。私はその人物とはまったく面識がなく、その後も一度も会っていません。彼は私に、自己紹介もせず、何に使うのかも言わないで、ただ白衣を求めました。私は疑いもしないで白衣を与えました。出口から見ると、もう一人のSS隊員が玄関の外で待っていました。SSの将校は——これは確かと思います——白衣を渡しました。彼はとてもエネルギッシュで自信のある振る舞いでした。SS隊員は白衣だけを求め、薬は求めませんでした。私はまだ白衣を返してもらえません」。

フランツ・ホニオクを移送前に意識不明にする注射は、すでにグライヴィッツに持ち込まれていたのかもしれないし、あるいはどこか他の場所で用意されていたのかもしれない。

カール・ノヴァクの証言。

「車列はヒンデンブルクの方へ向かいました。それから急にリムジンは左側にそれ、そこで停まりました。そこにはグライヴィッツ放送局が見えました。私の記憶では、我々は放送局の敷地に隣接する田舎道を曲がったのです。我々は大通りから一〇～一五メートル離れて停車しました。放送局に着いたのが何時ころだったかは、今となっては定かでありません。あたりはもう暗くなっていて、灯火がついていました。車の窓から外を見ると、右側に放送局の建物がありました」。

こうしている間に襲撃が始まった。フォドル・Jの証言。

「我々は自動車二台に分乗して放送局に行きました。総員で六、七人です。到着すると車を通りに停めて、全員で放送局に向かいました」。

ナウヨックスはミュラーとかわした申し合わせにしたがって、「缶詰」を受け取ることになっている二人を入口にのこした。それ以外の者は脇の入口から局の本部に侵入していった。ナウヨックスの証言。

「ぴったり八時に我々は放送局に入りました。外に配置していた二人は開始の合言葉を知っていました。すべては予定通りでした。守衛は席にいませんでした。我々は短機関銃と拳銃を持って中に入りました。局員達は何の抵抗もしませんでした。我々は武器をかまえて建物を封鎖しました。そして天井に向けて二、三発の威嚇射撃をしました。ちょっとした暴動によって局員達をおびえさせるためです。それから局員達を武器でおどして地下室に押し込めました。そして一人が見張りとしてそこにのこりました」。

放送局にいた人達の目には、この出来事がどう映ったかは、上級郵便局員エリッヒ・Nが証言している。

「午後七時ころ、放送局の事務室に警察の当直がやってきて、地区の状況について報告すると言いました。事務室には電信部長のNがいました。夕方のニュースを待っていると、当直技師のKと守衛のFもラウドスピーカーのある部屋に現われました。午後八時少し前、機械室の扉のところにいました。そこは三枚のガラス製の仕切り板を通して、放送スタジオとその奥の機械室を観察するためです。そこへ五人の私服姿の男が入ってきて、スタジオに通じる階段を上っていきました。Fはスタジオのガラス扉を開けて、彼等に向かってこう言った、『何がお望みですか、みなさん?』。すると侵入者の一人が拳銃をかまえて叫びました、『手を挙げろ！』。最初に両手を上に挙げたのは警察の当直でした。まったく唖然として他の局員達もこれにならいました。居合わせたのは全部で四人で、一人はやせていましたが、しっかりした紐で両手を背中に、そしてもう一人は紐で首を固定されました。警官は制服の襟回りを紐で固定されました。それから全員が放送局の地下室に縛られたまま入れられ、顔を壁に向けて立たされました。男達の一人がさっと拳銃を向けて見張りにつきました」。

それから放送スタジオで、放送技術の専門家ドクトル・Ｓｃｈがマイクの装置を作動させようと奮闘していた。これがうまくいかなかったため、地下室から個々の担当者がつれてこられた。彼等が装置のコントロールについての知識を与えてくれるはずだった。これについて上級郵便局員Ｎは、

「時間がたつにつれて、縛られている両手が疲れてきて、紐が手首と首筋に食い込んできました。私は最初にスタジオにもどされると、拳銃でおどされ、背中と尻を殴打されて、どうすればラジオで話ができるのか、を聞きだそうとしました。そこで説明しました、ラジオ放送は電話局の回線を経由しないと作動しないことを。ＫもＦも同じやり方で責め立てられました。だがＫはたまたまここに居合わせた技師で、Ｆは守衛のため、スタジオの仕組みについては詳しくなかったのです」。

電信部長Nの証言はこれを裏書きしている。当時のグライヴィッツ放送局は独自の番組を発信していなかった。グライヴィッツ局のスタジオからのものも含め、すべての放送はブレスラウのラジオ増幅局を経由していた。これほど事前の綿密な行動準備の中で、最も基礎的な放送技術上の問題を解明していなかったとは、まことに驚くべきことである。そのため今度は荒天用マイクの捜索が始まった。それがあれば、現在の放送が中断されても、アンテナが設置されていれば聴衆に電波を伝えることができるからである。これについてナウヨックスは、

「それで我々は夢中で、放送につなげるためのマイクをさがしました。結局手に入ったのは、当時どの局にもあった荒天用マイクだけでした」。

このマイクは工具用キャビネットの中から見つかった。まさにその時、Nは地下室からスタジオにつれもどされた。今度はドクトル・Ｓｃｈはマイクの接続に成功し、Nはふたたび地下室につれもどされた。技術面での経過について、Nはその報告でこう指摘した。

「送信増幅器にマイクを接続したあとは表示にしたがって操作せねばならず、ブレスラウから送られてくる放送増幅の予定表に従って変調器のスイッチを入れなければ

なりませんでした。ニーダーヴァール街の増幅器でラジオ放送の中断が観察されたため、そこの係員が公用の回線で呼び出しました。侵入者の一人がレシーバーを取り、『故障中』と叫んでそれを元にもどしました」。

このあとのことについてナウヨックスは、

「送信中の放送中断ののち、ポーランド語で、用意された男の力強い演説がマイクを通して読み上げられました」。

フォドル・Jはこう付け加えている。

「そのあとナウヨックスの命令で、上に向けて発砲し、騒ぎを起こしました」。

ポーランド義勇兵による放送局占拠について述べた演説の本文は判明していない。以上の一部始終についての上級郵便局員Nの報告には、ナウヨックスにとっても不意の出来事があったことが触れられている。

「放送局支配人Kは自宅にいた時、放送切換えのための雑音があるのを夫人から教えられました。短い中断のあと、ラウドスピーカーから、『警報！　こちらグライヴィッツ。放送局はポーランド側の手中にあり』と聞こえてきました。Kはワイシャツの袖に手を通しながら、自宅から局に急行し、放送スタジオの扉をさっと開けると、そこに見知らぬ男達が機器をいじっているのを見ました。そのうちの一人がKに拳銃で狙いをつけました。Kは急に向きを変え、戸口から外に出て自宅まで走り、警察の機動捜査隊に電話し、電話局長に事の次第を納得させました。おそらくKの出現によって邪魔が入ったと思った男達は、ポーランド語で『ポーランド万歳』という呼びかけで会話を打ち切り、入ってきた時と同じ経路をたどってスタジオから去りました」。

支配人Kが現れたためにナウヨックス隊は予定を切り上げて退去したのでは、との憶測は当たっていない。むしろ行動そのものが終わりに近づいていたのだ。これについてフォドル・Jは、

「私はよく覚えていますが、突然、扉から一人の男がスタジオに入ろうとして、そこで我々に気がついたのです。そしてすぐにまた扉を閉めました。これがほとんど全てです。男の予期しない出現によって、ナウヨックスに何か引き起こされることはありませんでした」。

これはナウヨックスの時間の計算によると、何も危険な瞬間がなかったのは明らかであり、彼の隊にふさわしい。これについてナウヨックスの証言。

「放送を中断させるまでにかかったのは一三分、そして我々による放送は約四分間でした。それが済むと我々は放送局から引き上げました。局員を見張っていた者を呼びにやり、私が最後に退去しました」。

放送局で事が進められている間に、フランツ・ホニオクは局に運ばれ、そこで殺された。警察書記カール・ノヴァクは犠牲者の放送局への移送ののち、その最期を見届けていた。

「脇道で我々の車の前に、黒のリムジンが停まっていました。そこから警視と二人の私服の男が降りてきて、右側の放送局の敷地に入っていくのを見ました。私は車にのこりました。しばらくすると警視が一人で私の車にもどってきて、男をつれていきました。警視は私に、男を車から降ろしたら私と運転手はオペルン署にもどらねばならない、と説明しました。それから警視は男を降ろしましたが、男はもう動きませんでした。警視は男を背後から両手でつかみ、局の敷地内に運び込みました。この男が警視によって車から降ろされた時、もう死んでいたとは私には信じられません。私の見るところ、警視にかかえられて運ばれた男は時々頭を起こしました。男は意識朦朧としているようでした。警視が男と消えたのち、私達はオペルンにもどりました。帰路は助手席にすわりました。オペルンにもどってから、私はラジオのニュースで、グライヴィッツ放送局が襲撃されたことを聴きました。それを聴いて私はこう思いました、我々の側からここで『一仕事やりとげた』と」。

ナウヨックス隊が放送局を退去する時、フランツ・ホニオクの死体は局の脇の入口に置かれた。フォドル・Jの回想。

「我々は侵入した時とおなじ扉から退去しました。私は三番目か四番目に出ました。退去する時、扉のところに一人の男が横たわっているのを見ました。彼は生気なく横たわり、生きているのかどうかはっきりしませんでした。血痕も見当たりませんでした。といっても、しげしげと見たわけでなく、すぐに建物から出ようとしました。生気のない人間がここに放置されているのを見ても驚きませんでした。すでに出撃前に、一人の死体を放送局に放置することになっている、と説明されていたからです」。

おそらくフォドル・Jは放送局を急いで立ち去ったため、血痕を見逃したのだろう。ナウヨックスは、より細かい観察で確認している。彼の回想によると、犠牲者は直接建物の入口に置かれたという。

「建物から退去したのち、私は入口のところに一人の男が横たわっているのを見ました。もう薄暗くなっていましたが、建物の中から何かの光が外に向かって照射していました。私は外から彼が見えました。彼の頭は出血し、体中血まみれでした。彼がまだ息があったかどうかは分かりません。私には詳しく調べるための時間がありませんでした。これ以上私には、この不愉快な件を追跡調査する気はありません。私は万事順調にいってうれしかったです。いまや私の頭の中には、一分一秒でも早く、局の敷地から逃げ出すことしかありませんでした。余計な問題にぶちあたることなく。

男を受付で受け取った別の二人の隊員の説明によると、二人の男を乗せた車が来たとのことです。ゲシュタポ係官の合言葉を言い、それから質問しました、『入口はどこだ』。それから男達はその男をそこに横たえると、ふたたび車で去っていきました」。

ナウヨックス隊が放送局を去って少しして、グライヴィッツに駐在している保安警察の係官がやってきて、地下室に閉じ込められていた者を解放した。警官が襲撃計画を事前に通報されていたのは明らかで、保安警察の当直が局員と一緒に地下室に拘留されてから、警官は姿を見せなかった。ラジオでポーランド語の放送が流れたことで警報が発令され、局から七〇〇メートルの距離にある治安警察第四管区の警官がすぐにかけつけた。二人の警官がホニオクの死体を見た。当時巡査部長だったユリウス・Fの証言。

「私は好奇心から、局の建物のうしろの扉——ここからアンテナにつながっている——を開けてスタジオに入ろうとすると、ただちに拳銃を手にした一人のSD係官によって退去させられました。そのためスタジオで何か捜索することはできませんでした。ただその時、SD員の足元に一人の人間が横たわっているのを見ました。SD員はその男の頭の脇に立っていて、私は彼から約一五〜一八メートル離れていましたが、何の外傷も出血も確認できませんでした。

スタジオ自体は照明されていて、それで確認できたのですが、お粗末な服装の男がいて、ポーランド人か貧しいドイツ人のようでした。男は右側に横たわり、顔を壁の方に向けていたので、どんな顔か見ることはできませんでした。彼は体を長くのばし、曲げてはいませんでした。私は要請によって、ただちにスタジオを去りました」。

警部補マックス・Ｓｃｈはフランツ・ホニオクの死体をもっと近くから見ているが、その時血だまりに気がついた。マックス・Ｓｃｈの証言。

「放送局では全ての扉が開いていて、我々警察関係者以外には誰もいませんでした。

私がスタジオをちらっと見ると、壁際にもたれかかって一人の男が倒れていました。彼の前には一か所、血だまりがありました。私が死人を見たのは一〇メートルくらい左側からで、そばには配電盤か何かが置いてありました。もっと中に入ると、一人の民間人が問題でした」。

フランツ・ホニオクの死体を襲撃直後に見た、という証言は、死体がすでに局の建物の中にあったとするナウヨックスの証言とも一致する。おそらくナウヨックスはこの点で思い違いをしたか、あるいは死体は襲撃の直後に保安警察によって建物の脇の入口に移されたのだろう。

フランツ・ホニオクは脇の入口に運ばれた時には意識がなく、それから頭への銃撃によって殺されたようである。これについては、犠牲者の頭が血まみれだったとのナウヨックスの証言と、警官が観察した血まみれの死体というのは同じことである。保安警察の対スパイ係によって、「暴徒」の死をできるだけ本物らしく見せかけねばならないがゆえに、殺害には銃器が使われねばならなかった。すべての状況からすると、フランツ・ホニオクは「缶詰隊」の誰か、それも入口に残ったナウヨックス隊の二人以外の誰かに殺された。もしこの二人を見張りに立てるのが初めからの計画だったとしたら、二人は事前に選別され、行動に習熟していたはずである。だが、もしそうだとすると、「襲撃隊」と「缶詰隊」との厳格な区別はなくなってしまうことになる。しかし、そのような例外をしめすような証拠はない。第四管区の警官が放送局に急行している間に、「缶詰隊」はすでに姿をくらまし、ナウヨックスもまた部下とともに難なく車で立ち去った。そして彼等はホテルで一夜をすごした――おそらく夕刻に出立することで無用の疑いを起させないために。ナウヨックスはベルリンに業務報告を送った。彼の証言。

「放送について、ハイドリヒは強い怒りを引き起こしました。それは、彼自身が放送をまったく聴けなかったのです。彼はベルリンにいて、グライヴィッツ局にスイッチを合わせていました。ところが決行の時間はとっくに過ぎているのに、何も聴こえなかったのです。

というのは、グライヴィッツ局は小さな地方局にすぎず、ブレスラウ局の番組を同じ周波数で発信しているだけでした。ベルリンでグライヴィッツ局にスイッチを合わせた者が聴いたのはブレスラウ局のものだったのです。

我々はこのことを知りませんでした。それで、私がハイドリヒを呼び出して、『万事順調に運んだ』と言った時、彼は私にかみつきました、『嘘だ、俺はずっと待っているんだぞ！』」。

その間にも、放送局には第四管区の中尉が指揮する治安警察官五名が到着していた。ところが局では、私服姿のゲシュタポ係官から、捜査はすべてゲシュタポが行なうので治安警察は何もしなくてよい、と指示があった。捜査に立ち会ったのはグライヴィッツ署の刑事警察もいた。元警部だったヴァルデマール・Kの証言。

「グライヴィッツ放送局に襲撃があった時、私は警部で、自宅にいました。襲撃の連絡をうけて、署に向かいました。とりあえずの措置を講じるためです。しかし署では、これはゲシュタポの管轄であってすべての捜査はゲシュタポがする、との説明をうけました。そう言ったのが誰だったか覚えていません。それで私はこの件に関わる必要はなくなったのです」。

こうして治安警察と刑事警察は放送局での捜査から締め出されることになった。ゲシュタポは襲撃の直後に局に来ていた。このことから、この襲撃がずっと前から通告されていて、襲撃の経過とともに時間合わせをした、ということがはっきりする。

だから最初に捜査にあたったのはゲシュタポだった。当時グライヴィッツ署の刑事警察事務官で、鑑識課員も兼務していたアルカディウス・Sの証言。

「私はグライヴィッツ署時代、刑事警察とゲシュタポの両方に勤務していました。ある日、次のような指示をうけました、すぐに車で出発する用意をすること、と。ただし、なぜ、そしてどこへ、とは言わないで。

この指示をしたのが誰だったか覚えていません。私は二、三人の私服姿の者とともに、警察の公用車でグライヴィッツ放送局に向かいました。彼等はゲシュタポだったと思います。彼等の顔は私に見覚えがありました。ただ、何日に放送局に行ったか覚えていません。私が覚えているのは、夕方でもう薄暗くなっていたことだけです。

放送局のスタジオに入った時、目の前に制御盤があるのが見え、その左側の床に一人の男が倒れていました。私の覚えているかぎり、その男は明らかに死んでいました。胸と腹を下にし、頭を少し片方にひねるようにして。服装や年齢はもう覚えていません。頭の脇に血だまりがあり、明らかに頭部の損傷によるものでした。体には何の損傷も血痕も認められませんでした。

私はただちに自分の業務を開始し、まずフラッシュをつけて一〇～一二枚の写真を撮りました。あらゆる角度から、そして近くからと少し離れて、死体を撮影しました。何の指示もありませんでした。私はあらゆる対象を調査し、指紋のほか埃だらけになりながら、多くの物を見つけました。私がスタジオで仕事をしたのは優に二時間以上だったと思います。私をせかす者はいませんでしたが、後で死体がどうなったかは知りません。

署にもどってから私は確実な指紋を警視Fに渡し、それからすぐ、ネガの引き伸ばしのため暗室に行きました。一時間ほどして、暗室にいる時に、外から呼び出しをうけました。誰からだったか分かりません。その男は私に、すぐに作業を中止して、乾板を包装せよ、と。私は、すでに何枚かのネガを作った、と言いました。事実そうだったのです。このネガは私の見る限り、傑作でした。だがその男は、全部を包装して引き渡せ、証拠資料は緊急にベルリンに移送せねばならない、と言いました。ここでネガと乾板を渡した相手が誰なのか、今では分かりません」。

鑑識課員Sがそのネガと乾板をどこに引き渡すのか教えられた、という説明は正しい。当時ゲシュタポ係官として短期間ラウデンに派遣され、一九三九年九月一日夜、グライヴィッツにもどってきたフリッツ・Hの回想。

「私がグライヴィッツに来たのは夜でした――多分午後一〇時ころ。同夜の午前一時に私は、写真が入った封印された封筒を飛行場に送りました。写真はただちにベルリンに送られなければならなかったのです」。

鑑識課による撮影のため、フランツ・ホニオクの死体は最初からスタジオに置かれていた。しかし、その後の死体の所在については何の具体的な確認もできていない。わずかにグライヴィッツ署のヴァルデマール・Kの証言があるだけである。

「又聞きとして覚えているのは、グライヴィッツ放送局への襲撃が成功したのち、男の死体は警察署の死体安置所に運ばれたはず、とのこと。襲撃直後、放送局にSDの一団がやってきて、蜂起軍と撃ち合いになった、とも聞いています。その時この男は射殺され、遺体が署まで運ばれた、と」。

だが、これでグライヴィッツ放送局での出来事は終わらなかった。当時グライヴィッツのゲシュタポ支部の刑事だったベルンハルト・Mの証言。

「ある日私は男に、出かけるから車で一緒に来い、と言われました。車に乗ると、放送局に向かうのが分かりました。ほかに同乗者が二人いました。皆の話から、私は鑑識課員Sが撮影するのだ、と察しましたが、結局何もありませんでした。死体については話題になりませんでした。私を呼んだ男は私の写真撮影の技能について知っていて、それで私を選んだのでした。車はとても速いスピードで走りました。放送局に着くと、誰かが内側から扉を開けました。私の推測では、彼等はすでに我々を待っていたのだ、と。扉を開けたのは年配のやせた私服の男で、我々を放送スタジオに案内しました。ただ、表の入口から入ったか、それとも脇の入口を使ったかは覚えていません。

スタジオに入ると、多数の計器がつまった壁にとりつけられた盤と大きな台があるのが分かりました。その台の上にはマイクがありました。台の前に、腕をのばした男が顔を下にして倒れていました。死体は着古した作業衣すがたで、年齢はおよそ二八〜三二歳くらいでした。台の右側三〜四メートルのところにもう一人が転がっていました。外見は最初の男に似ていました。これもやはり腹を上にして、両腕をのばし、顔は天井を向いていました。服装と年齢は第一の男とほぼ同じでした。

ただ目についたのは、何の外傷も血痕も認められなかったことです。二人ともすでに死んでいたのは確かなようですが、至近距離から見たわけではないので、確認はできません。また、誰も死体に触れていないので、死後硬直が始まっていたかは分かりません。

私は二つの死体をそれぞれの場所で、二枚撮影しました——フラッシュを使ったかどうかは覚えていません。接写はしていません。私の知らないあるゲシュタポの係官がひどく急いでいたのが印象にのこっています。作業が終ると、本署にもどりました。

私が放送局に行ったのは晴れた昼間で、まだ暗くなる前だったことは確実に言えます。行く前にすでに車にはゲシュタポらしいのが撮影用具を用意していました。その後私は、その男とは一度も会っていません。

この日、私は自分の撮影したものがすべて特別機でベルリンに運ばれたことを知りました」。

これで明らかなのは、鑑識課員Sの撮影した写真はベルリンの本部では評価されなかった、ということである。写真は新聞あるいは政府白書で公表されるもの、と考えられ、そのために特別に「射殺された暴徒」を示すことになっていた。このMの証言が示しているのは、偽襲撃後、翌朝にはすでに二人の別の犠牲者が運び込まれていて、それは両方の遺体を同時に一枚の写真に撮影することになっていた、ということである。

二人の人間の服装と、それに血痕が認められなかったことから、フランツ・ホニオクはこの中に入っていないことが立証される。ここにあてはまるのは、ザクセンハウゼン強制収容所から運ばれた二人の囚人であろう。二人はおそらく、襲撃行動が済んだのち、撮影のためわざわざ殺されたのだろう。撮影の時、犠牲者はすでに意識がなく、死んでいた。ザクセンハウゼンにもどされた三人の囚人からは、彼等が一時的にブレスラウの刑務所からどこに移送されたのか、別の場所で意識を失わされ、再度ザクセンハウゼンにもどされたのか、立証するものは何もない。ただし、この異常な成り行きを証言する囚人が一人いたのは確かである。だが、一時的に意識不明にされても、囚人が何かのヒントをつかむ可能性は排除できない。そのため、「缶詰隊」が良心のとがめもない処置、すなわち犠牲者の殺害を実行する十分な理由になったはずである。

しかしゲシュタポは「犯行現場」について誤った構図を描いただけでなく、見せかけの捜査によってポーランド人グループによる犯行を証明しようとした。これはポーランド人ユセフ・フィツェークの証言によって露見してしまう。彼は戦前までグライヴィッツのドイツ国鉄で修理工として働いていた。

「三一日にはもう何かが起こりつつあるのに気がついていました。だが、人が閉じ込められているとは思いませんでした。その日も私はいつものように仕事に出かけましたが、午前一〇時半ころ、同じ職場で働いている者に声をかけられました。『フィツェークさん、すぐに事務室に来てください』。私が行くと彼はこう言いました、『フィツェークさん、すぐに着替えて帰宅してください、あなたは即時解雇だ』。『お話になりません、なぜか知りたい。私は何も罪を犯していませんよ』。『あなたは自分が昨晩何をしたか、よく知っているでしょう』。『私は夜は家で寝ていました』。『嘘だ。フィツェークさん、もしあなたが家に帰りたいのなら、我々に面倒をかけないでほしい。さもないとあなたにとって具合の悪いことになりますよ』。その場にいた他の人間もこう言いました、『フィツェークを生きて工場から出すな』。私はそれから家に帰りましたが、当然回り道をしていきました。

短い間隔で鳴るゲシュタポのノック。すぐに彼等は私を取り囲みました。私がゲシュタポに監禁されたというのは嘘です。ただ私は、グライヴィッツのゲシュタポ支部でこう言われました、『フィツェークさん、見てください。あなたの同僚は皆署名しています、グライヴィッツ放送局への襲撃に加担したと。それでもあなただけは、署名しようとしないんですか?』。私はこう言いました、『あなたは自分の思うところを私にさせようとしていますが、私は署名などしません。私は何もしていないのですから』。『ほう、それではこちらは別の件で君をつかまえるぞ！』。『どうぞ。すでにそちらはそうやっている。だが私は署名しない。それが本当のことではないから！』。『君は署名することになる』。『否！』」。

ユセフ・フィツェークは署名しなかった。ゲシュタポも二度と彼を懐柔しようとしなかった。新聞その他の刊行物でも、写真は少ししか掲載されず、明らかにこの件を忘却の中に押し込もうとしていた。これはまた、次のことでも明らかである。すなわちゲシュタポは襲撃があったあと、ホーエンリーベンでのフランツ・ホニオクの「加担」について、彼の家族を尋問しなかった。フランツ・ホニオクの弟の証言によると、開戦時に兄の失踪について、ある噂が流れたという。それによると、フランツ・ホニオクは一度ゲシュタポに拘留され、それからポーランド軍服を着せられて、放送局襲撃に参加させられた、というのである。だがこれはおそらく、用心深く練られた噂であって、その後一度地区の狩猟監視長Mがやってきてフランツの事を聞いた、というのと同じねらいからであろう。すなわち、フランツの行方について彼の兄弟姉妹が探索するのを、官庁のどこかの段階であきらめさせるための。狩猟監視長Mの証言。

「私の知るかぎり、〔フランツの行方について〕何の届け出もなく、誰も私に頼み込んでもきません。

明らかに、彼等は私のところに来るのを嫌がっていました」。

このように、ホーエンリーベンでの捜査の跡をたどっても、フランツ・ホニオクの運命は三〇年近くたっても不明のままである。

第2章

ホーホリンデン税関

ホーホリンデン税関への偽襲撃が、今度はずっと小さな規模で実行されたことで、新計画がどのような企てだったかがわかる。「ポーランド人中隊」は約六〇人にまで縮小された。また、ポーランドの国境を横切らないことになった。あと残る問題は、ドイツ領に突き出した国境にあるポーランド人農家をどう扱うか、ということになった。以前予定していたポーランド税関への進撃は、この農家の土地を通り、それではおそらく農民にさとられてしまう、ここで本物のポーランド人が行動に出るはずがない、として。これについて小隊長Kの説明によると、一時的にポーランド人農夫を「疎開させること」も考慮されたという。

偽襲撃が決行されたのは八月三一日から九月一日にかけての夜である。最初の警報で地区の全員が防護されたことで分かるように、税関員とその家族達は立ち退いていた。国防軍がまだこの国境地帯に前進していないで、国境監視員はホーホリンデンからずっと離れた場所まで引き上げていた時に。

すでに時間的に前倒しされてグライヴィッツ放送局への偽襲撃が始まっていた時、他の諸隊では「アガーテ」の合言葉を行動開始の合図とうけとった。合言葉の伝達によって、それぞれの偽襲撃が始まる予定の時刻は確定していた。SS少佐ホフマンは、今回はヘルヴィッヒに代わって「ポーランド人」を指揮していたが、こう証言している。

「八月三一日の夕刻、八時ころ非常呼集がかけられ、城館の食堂でトルンムラーから伝達がありました。しかし今度の我々の出発は一一時で、それまでかなり時間がありました。我々は前回の経験から、目的地への早すぎる到着を避けるようにしたのです。偽襲撃の時刻は翌朝の午前四時と決められました」。

特別に急ぐ必要はなかったので、今度の「ポーランド人・グループ」はすでにエーレンフォルストで着替える時間があった。それについてヨーゼフ・グルツィメクはこう証言している。

「我々はまず、再び渡されたポーランド軍服を着ました。……今度はそれ以外に武器も手渡されましたが、万一の時には、それは真っ先に取り上げられることになっていました。今度もまた我々は、繰り返し、厳重に守秘義務に従うよう注意されました。

着替えののち、再び前回と同じホーホリンデン近くの、一度配置されたことのある林道まで運ばれました」。

真夜中ころ、この襲撃隊は予定していた出撃地点に布陣した。SS少佐ホフマンは、トラックが林道を曲がった時、車列に黒のリムジンが加わったのを目撃している。彼の証言。

「八月二五日の晩と同じ事が繰り返されました。ホーホリンデンへの通りの右側に、また黒のリムジンが停まっていました」。

出撃待機点で、隊員達は再度自分の任務について教えられた。ポーランド軍服姿のSS隊員は、森から牧草地をぬけて、ドイツ側の税関まで押し出して、これを破壊する、と。トルンムラーの証言によると、隊員は襲撃の際、特に以下のような振る舞いをするよう定められていた。

「ここで私は、ベルリンで最も精密に練り上げられた、次のような命令を下達しました。その内容は、

一、今より以降、ポーランド語のみにて話すべし。散開したままの隊形で前進すべし。その際、反独的歌謡とポーランド愛国歌をうたうべし。たえずポーランド語でド

イツをののしるべし。『ポーランド万歳』、『打倒ゲルマン』などの語を用うべし。前進時、たえず空中に向けて発砲すべし

二、ドイツ税関に到着の際、これを完全に破壊し、すべての備品も粉砕すべし。税関内の館員はポーランド人により殺されることとなるべし。館内に民間人を見つける場合、そのまま放置しおくこと」。

のちにヨーゼフ・グルツィメクはこの民間人について、

「まちがいなくSSの下士官で、ベルナウで見たことがあるからです」。

隊員達の一部はプレッチュ国境警察学校の灰緑色の制服を着て、「ポーランド軍の攻撃」から防戦することになっていた。しかしホーホリンデンでの出撃までは時間をつぶしていた。これは、ホーホリンデンで両親が居酒屋旅館を経営していたヴァレスカ・Sの証言でもわかる。

「開戦の時、私は両親のやっている居酒屋で働いていました。当時の出来事で覚えているのは、戦争直前、もう暗くなっていた時に、国境のところで撃ち合いがありました。私の家は国境から一キロメートルほどのところにありました。

その少し前、一台のトラックが制服姿の客——それが軍なのかSS隊員なのかは分かりません——を乗せてやってきました。その人達は居酒屋に来て、小一時間いました。彼等は私に、今外出するな、と言いました。撃ち合いの間、彼等の何人かは店にのこりました。なぜのこったのか——たとえば私達を安心させようとして——は何とも言えません。でも私のうけた印象はそうでした」。

トルンムラーもやはり、命令下達後はひとまずホーホリンデンに滞在した。

「出撃中、私はずっとホーホリンデンの町の入口にいました」。

偽襲撃は予定通り、午前四時に始まった。これについてSS少佐ホフマンの証言。

「私は自分の『ポーランド人グループ』を率いて、予定の約二〇分前に税関から約二〇〇メートルのところに隠れました。それから我々は、這って、あるいは腰をかがめて音を立てずに、税関まであと一〇〇メートルのところに達しました。午前四時丁度、私は空に向けて拳銃を発射し、それが『突撃』の合図でした。

空への発砲、わめき声、呼び声、罵声、そしてポーランド語で命令しつつ、我々は税関に突進していきました。私の記憶では、実弾を発射しました。税関から三〇メートルのところに来ると、隊員が各個に発砲しました。税関に達すると、窓ガラスを割り、ドアを壊し、天井に向けて発砲して大騒動を演出しました。発砲で屋根瓦が飛びはねました。税関内には警察大尉と彼に率いられたSS隊員がいて、彼等はベルリンから来た者達ですが、床に遮蔽物をさがしていました。大尉の名はもう忘れてしまいましたが、私に向かって叫びました。『射撃中止！』。それで私も撃つのをやめさせました。そこへ何人かが入ってきて、銃床で室内を破壊しました」。

ホフマンが見た警察大尉と一緒にいた男というのは、グルツィメクがみとめるベルナウから来たSSの下士官と思われる。グルツィメクはまた、襲撃についてこうも証言している。

「ドイツの国有財産を前にして、我々は設備を破壊すべし、という命令の意味が完全には理解できず、破壊にとりかかるのを躊躇しました。それでまず例のSSの下士官が破壊を始め、繰り返し我々に、作業に協力するよう求めてきました。それで我々も備品の破壊に手を付けました。この殲滅作業の中で、携行してきた騎兵銃を壊してしまう者もいました。しかし、税関を内部から跡形もなく破壊してしまうまで、撤収は許されませんでした。壊れた銃も持ち帰らねばなりませんでした。税関に突進した時、我々の全員にとって印象深かったのは、ドイツ税関からわずか二〇〇〜三〇〇メートルしか離れていないポーランド側では、まったくの静寂が支配していることでした。我々はある村の灯火をはっきり認めることができましたが、そこからは楽しげな歌声や笑い声、話し声などが聞こえてきました」。

「襲撃者」達と税関で鉢合わせした警察大尉と従っていたSSの下士官は、何発か発砲したのは確かである。防戦に見せかけるために。小隊長Kの申し立てによると、防御側はただ空砲を撃っただけだという。「ポーランド人グループ」によって、偽襲撃の直前、ひそかに強制収容所から囚人が何人か運ばれてきて、「缶詰」として税関の中に横たえられた。グルツィメクはそれに気がついた。

「ドイツ税関から立ち去る時、私は暗がりで何かにつまずきました。身をかがめて見ると、床に何人かの人間が静かに転がっていました。皆ポーランド軍服を着て。特に印象深かったのは、頭を丸刈りにされていたことです。……目の前で動かない死体を見た時、私はぎょっとして腰を抜かしました。なぜなら、それが戦友だと思ったからです。私がその一人を立ち上がらせようとした時、彼がまったく硬直してしまっているのに気が付きました。他の者についても同じでした。それで最初はこう考えました、我々の戦友の何人かが不注意な発砲によって命を落としたのだ、と。しかし、我々が整列して一人も欠けていないことが分かると、初めて疑問をもちました。我々は正式にこの件については、何も知らされていなかったのです。それでこう考えました、税関への襲撃にはもっと多くの関係者が関わっていて、それは我々の特別行動隊に属していない、しかも命令によって頭を丸刈りにされた者達だ、と。税関に入る前にどうやってこれらの死人が作られたのか、私は知りません。ですがおそらく、税関近くの国道脇にいたトラックの中で死人が作られたのだと思います」。

このトラックについては、トルンムラーも証言している。彼が税関で「防御側」と鉢合わせしたその時、そこに死人が置かれているのを見た。

「私が税関に着いたのは、すでに命令通りに事が運ばれてからでした。そこでポーランド軍服姿の何人もの囚人が横たわっていました。彼等はトラックで運ばれてきたのです」。

偽の「反撃」もやはり予定通りに運んだ。SS少佐ホフマンの証言。

「その間に、『反撃』に加わるため、国境警察の制服姿の者達が到着して、我々を『逮捕』しました。我々は駆け足でホーホリンデンを通り過ぎ、そこに停まっていたトラックへと追い立てられ、それから携行していた武器も投棄させられました。これによって住民たちに、ポーランド人暴徒がつかまった、という印象をあたえるためです。そして我々は大急ぎでトラックに乗せられました。なぜそれほど急きたてられたのかといえば、国防軍は我々の出撃について何も知らされていないために、ただちに軍の展開する地域から消え失せる必要があったからです」。

ホフマンはその申し立てによると、税関で「缶詰」を見ていない。続けて、

「しかし『缶詰』が置かれたのは、我々による偽襲撃の間でのことにちがいなく、それについて後でSS隊員達の間では、犠牲者の服装と外見の一部は覚えている、ということが話題になったほどです。さらにこれに関連して広く話題になったのは、犠牲者たちがオラニエンブルク強制収容所の囚人で、それも重罪人だったということです。

私が覚えているのは、私の『ポーランド人グループ』のSS隊員がこの死体にできた銃創について話していたことです。彼等の説明では、死体の銃創は胸と背中にあったとのこと。私見では、彼等は税関に転がせられるほんの少し前に殺されたにちがいなく、またもし死体が何日も前のものであったとしたら、日のあるうちは暖かいこの気候では、死体の変化は顕著であるはずです。しかしそれについて、SS隊員達からは何の報告もありませんでした」。

この証言によると、次のような結論になるはずである。強制収容所の囚人は黒のリムジンでホーホリンデンの近くまで運ばれ、偽襲撃の直前に殺された、と。ここで全部で六人の犠牲者が出ているが、それはこれからの事実の経過が証明するだろう。

一九三九年八月二五日の早すぎた非常呼集の際にも、「缶詰隊」は予定通りに呼びもどされているが、その時はまだ囚人の殺害には至っていなかった。そうでなければ、もう一度六人の犠牲者を新しい殺害行為のために調達できるはずがない。すると、ザクセンハウゼン強制収容所からの一〇～一二人の囚人のうち、二人はグライヴィッツ放送局での新しい写真撮影のために転がしておき、それ以外の三人は収容所にもどされたことになる。

囚人達は、フランツ・ホニオクの場合と同じように、事前に意識を失わされていた。そのあと彼等は銃撃によって殺された。ヘルヴィッヒはのちに一度、囚人の殺害について教えられたことを自白している。それによると、犠牲者たちは出撃前に意識不明になる注射を打たれ、それから襲撃地点まで運ばれ、そこで射殺されたという。そのほか、事後の捜査を混乱させるために、この戦闘で死んだとされるポーランド兵の軍服の中に、本物の軍隊手帳・写真・国境地帯の道路地図などが差し挟まれた。

ホーホリンデンでは犠牲者たちが殺されたのが税関でか、それとももっと前であったのかは結局確認できない。確認できるのは、黒のリムジンがホーホリンデンの町を通らずに税関まで行ったことである。それでは余りに人目に付くからであろう。一台のトラックで死体を運んだ、とするグルツィメクの証言はこれに合致している。

　こうして囚人達はそのあと森の中で殺され、リムジンはホーホリンデンの手前に停まり、税関へはトラックで運ばれた。これで、なぜ「ポーランド人グループ」が襲撃の時に、税関で銃声を聞かなかったのか、も説明されよう。夜になって――これはグライヴィッツ放送局でも同じように――犠牲者の死体が撮影された。これについて小隊長Kは、

「最後に私は隊長から、死者についてはまず現場で夜のうちにフラッシュ撮影をして、それをベルリンに送る、と知らされました」。

ヘルヴィッヒの回想によると、写真は政府の白書に掲載されることになっていたという。だが、撮影のためにそれほど長い時間をかけてはいられなかった。というのも、すぐに国防軍によるホーホリンデン街道からフヴァレンチッツェに向けてのポーランド奇襲が予定されていたからである。すでにホーホリンデン税関からはずっと前に死体がトラックで運び去られていた。ファレスカ・Sはこの成り行きについてこう回想する。

「銃声がして、私はすぐに母だったか妹だったかと一緒に扉のところに行きました。だれかが呼んでいるようでした。家の前にトラックが停まっていました。乗員がこう尋ねました、『最寄りの墓地はどこか』と。それならグロスラウデンにある、と答え

ると、それでは遠すぎる、と言いました。それからトラックはグロスラウデンの方に向かって走り出しました」。

この朝もやの中、国防軍の最初の部隊がやってきた。これについてトルンムラーは、

「我々がエーレンフォルストにもどっていく時、すでに独軍が侵入してくるのを見ました」。

変更された計画がその通りに運ばれているかを監督するため、SS上級大佐ミュラーがホーホリンデンに来ていた。これについてトルンムラーは、

「ここではミュラーが最高指揮官として、自分の部署の何人かをともなって、私服姿ですべての行動に臨場しました」。

ミュラーは乗用車列の中の一台にいたようだが、それとは別に、「ポーランド人グループ」が野営していた森の縁に停まっていた黒のリムジンがいた。小隊長Kの回想によると、

「我々が森の縁で野営している時、乗用車の列がやってきて、そばに停まりました。

そこから多数の人間が降りてきましたが、その中にシェーファーもいました。彼の短軀のためにすぐに目につきました。降車後、彼は何人かと話し合っていましたが、我々の方をちらりと見ました。私とSです。彼はヘッドライトで我々を確認すると、驚いた様子でした。そして意味ありげな表現をしました。『おやおや、君達も一緒かい？』。

私は彼の言わんとしたことを理解できます。彼は本気で驚いたのであり、我々に対して『おどけてみせた』のではない、と。ちょっと言葉をかわした後、彼はまた遠ざかっていきました」。

シェーファーはホーホリンデン出撃では、実行部隊を持たなかったのに、トラックで現地に乗りつけている。彼はずっと前から、その土地勘のためにミュラーに召集され、出撃地帯に御供《おとも》していた。ミュラーは八月三一日夜、私服姿で現地に来て、開戦直前にベルリンにもどった。彼の管轄内で勤務していた当時警部のアルベルト・Dの証言では、ミュラーはオペルンかあるいはブレスラウからテレタイプで、保安警察局長用の飛行機を、呼び出しあり次第、離陸可能なようにしておくこと、と指示していた。すでにミュラーは、開戦と同時に発令される飛行禁止を知っていたことになる。アルベルト・Dは続けて、

「ミュラーは返信の中で、飛行禁止時刻に入る前にベルリンにもどれるよう、飛行

機の離陸を正確にすること、と指示してきました。私は飛行への楽しみから、同乗を願い出ると、機長も快諾してくれました。そして離陸時刻と最も可能性のある到着時刻をミュラーに連絡しました。オーベルシュレージェンの飛行場に着くと、機は滑走して止まりました。機が飛行場の建物の前で止まると、ミュラーと一人の高級軍人がやってきました。ミュラーは私が乗っているのを見て驚き、非常に立腹しました。彼はまず私を機内で叱責してからベルリンに向かいました。彼は私に、誰の許可で搭乗したのか、と聞きました。私は自分の希望からです、と答えました。そのあと彼は何日も私とは口もきかず、無視しつづけました。ところで、ミュラーは私服でした。彼は小型のトランクを持ち、長靴をはいていました。なぜ彼が制服と私服を持っていたのか私には分かりません。

彼の出立はまったく不可解でした。いつも彼はどこへ行くのかかならず言いのこしていくのに、今回は何も告げずじまいでした。彼の車と運転手は飛行場にいたのに。そもそも私は、なぜ彼がオーベルシュレージェンに来たのかもわかりません。私がオーベルシュレージェンに飛行機で帰った時のことについて、一つ付け加えるなら、激怒したミュラーは私を飛行場から歩いて帰宅させました。徒歩でおよそ三〇分かかる距離をです」。

ミュラーが行動完結までホーホリンデンにいたのか、それとも離陸後に報告させたのか

は未確認のままである。いずれにせよ、彼は翌日、襲撃隊の指揮官を非難した。これについてSS少佐ホフマンは、

「九月一日、私とトルンムラーはベルリンにいるミュラーに、我々の襲撃が満足のゆくものでないことを報告すると、彼はこう文句を言いました。我が方が起こした騒動は小さすぎ、さほどのセンセーションを引き起こせなかった、と」。

ホフマンが出撃からエーレンフォルストにもどると、非常に不愉快な出来事が起こっていた。彼の証言。

「我々は陣地にもどったあと、すぐにトルンムラーの指示で、再びトラックに乗せられました。トルンムラーが私に示した説明によると、ひとまず機密保持の観点から、ある強制収容所に送られる、というのです。これはただ『ポーランド人グループ』だけに関係することだ、として、さらにこう言いました、『君と君の一団はすぐに強制収容所の中に消えるのだ』。私はこれには断固として反対して、こう言い返しました、私はただちにハイドリヒに電話して、私と集団の部下とが通常の扱いをうけられることを要望する、と。私の剣幕に驚いたトルンムラーはミュラーとテレタイプで交信して、我々は襲撃隊にとどまるべし、との指示をとりつけてくれました」。

しかし翌朝、襲撃隊の一部の隊員に。ぞっとするような指令が下された。それは小隊長Kで、そのため彼は特別にこのことを覚えている。

「一九三九年九月一日の午前、それは我々の出撃の翌日でしたが、我々はドリリッヒツォイクのエーレンフォルスト城館の中庭に整列しました。中庭には二台のトラックが停まっていて、どちらにも覆いがかけられていました。私も含めておよそ二〇人がえらばれ、片方のトラックに乗りこまされました。トラックにはすでにスコップが積まれていました。我々が何をさせられるのか、誰も教えてくれません。我々がトラックに乗ると、二台はホーホリンデンの方向に走り出しました。ホーホリンデンのすこし手前でトラックは左に曲がり、森に入りました。道を曲がってから約二〇〇メートルほど行くと停車しました。トラックが停まると襲撃隊長からこう告げられました、六人の死体を埋める、と。彼はこの死体を『缶詰』と呼んでいました。トラックの覆いがはがされた時、六人の死体があるのが見えました。どれも私服姿でした。そのうち二人は制服の上着を着ていました。男達の顔はみにくく歪んでいました。彼等は斧か手斧のような堅い工具で打撃をうけた時のように見えました。死体の胴体や手足に損傷は認められませんでした。銃創も確認できませんでした。顔が打ち砕かれているのは、後で個々の死体を取り上げてもだれだか確認できなくするためだ、と思いました。

ひどく歪められた死体を見て、私は隊長に質問しました、この死体はどこから来たのか、と。それとともに私が気がついたのは、独波国境での偽装された襲撃の時、誰も発砲音を聞かなかったことです。隊長は私に、何の心配もしなくてよい、と言いました。死人は強制収容所の囚人であって、六人ともオラニエンブルクからつれてこられたのだ、と。さらに彼は、六人はオラニエンブルクから運ばれてきた時にはまだ生きていた、そしてホーホリンデンの独波国境のところで殺され、襲撃地点に配分されたのだ、と打ち明けました。

我々は六人の死体をトラックから約二〇〜三〇メートル離れたところに埋め、その場所を散らばっている枯柴で隠しました。死者の埋葬場所に接して、森の中に監視所を作って保全しました。私は今でも、死者が埋められた場所を即座に示すことができます」。


犠牲者の顔を判別できないようにした、というKの憶測は当たっている。囚人の死体は最初トラックに保管され、ホーホリンデンの居酒屋の前で少しの間停まっていた。もしここでトラックの運転手が最寄りの墓地はどこか、と聞いたとすれば、それは明らかに、偽襲撃のあとで死体がどうなるかについての明確な指示は出ていなかったことになる。あとで、森の中に埋められた死体のために厄介事が起こった。当時オペルンのゲシュタポ部長だったドイムリンクはこう証言している。

「グライヴィッツ郊外に埋められた死体について、私の記憶では、地元の町長や警察の苦情のため面倒なことになりました。この件では、私が事情を汲み取って国家保安本部（ＲＳＨＡ）を説得して、この件はこちらで処理するように、と。ただし、どのような形でこの処理が行われたのかもう覚えていません。オペルンの国家警察はこの件に関わりませんでした」。

グライヴィッツでと同じように、ホーホリンデンでも偽襲撃のあと、見せかけの捜査が行われた。ドイムリンクの記憶では、地元の署は関与させられず、「ベルリンから来る特別捜査団によって捜査が行われる」ことになった。当時オペルンの警察署長のもとで勤務していた警察事務官パウル・Ｋはつぎのように証言している。

「ホーホリンデンの税関銃撃は私も良く知っています。というのも私は、この件についてのベルリンから来た刑事警察（クリポ）と国家警察（ゲシュタポ）の合同捜査団に、通訳として召集されたからです。クリポの指揮官は当時国家刑事警察長官だったネーベでした。クリポの係官がもっぱらスケッチ製作にかかわっている間に、ＲＳＨＡの係官〔これは証言者のまちがい。ゲシュタポが正しい〕は多くの人間を尋問しました。彼等は集団で国境を通り抜けるのを見たかどうか、の証言をとるためです。この集団は国境に沿って税関までやってきて、それから発砲したはずだ、というのです。私は通訳として、刑事の質問をポーランド語に訳して被尋問者に向け、彼等の答えをもう一度ドイツ語に訳しました。

尋問の過程で私は、ポーランド人暴徒なるものがまったくのでっちあげだ、と確信しました。

ホーホリンデンでの捜査はほぼ三日かかりました。捜査終了後に私が知ったことですが、バンディテン税関に面した牧草地で発砲があったらしいということです。さらに私が知ったのは、税関吏は襲撃の前日に家族とともに外泊していたことです。なぜ彼等が外泊していたのかはわかりません。このために、税関は激しい銃撃にもかかわらず、死者も負傷者も出ませんでした」。

アルトゥール・ネーベは一九四五年三月二日、ヒトラーに対する謀反の廉により、ベルリンのプレッツェンゼーで処刑された。彼が指揮したホーホリンデンでの偽襲撃についての捜査の「結果」は、決して公表されることはなかった。この出来事は住民にも決して明らかにされてはならず、また外国の新聞には断じて取り扱われてはならないものとされた。再調査と再尋問の結果が示しているのは、パウル・Kが言い当てたように、「事件は捏造されたものだった」。ホーホリンデンで熱心に捜査が行われている間に、襲撃隊はさっさと退去していた。

ホーホリンデン出撃の前、「缶詰隊」がどこに陣取っていたかは確認されていない。とにかく、一九三九年九月一日をもって、一人一人のSS隊員やSD員がそれぞれ元の任務にもどる必要はなくなった。この集団は約一五〜二〇人になるようだが、もはや解明され得ない。それに加えて、襲撃隊と「缶詰隊」の間には厳格な区別があり、それが捜査のための手掛かりにたどりつくのを困難にしている。また、この集団のメンバーの多くは戦死したようである。だからと言って、そこから性急な結論を出すことはできない。すなわち、彼等は戦争中、前線での特別に危険な任務に投入され、そこで戦死したのだ、とは。

殺害行為の直接の関与者として、ナチス国家指導部は世界世論の中で重大な罪を負うべきである。そしてSSとSDの隊員達は、発起人であるヒトラー、ヒムラー、ハイドリヒそしてミュラーのために、特別に危険な役割を演じたのである。もしも「ポーランド人グループ」がホーホリンデン出撃後、一時的にどこかの強制収容所に入れられることになっていたのだとすると、「缶詰隊」の殺人についての責任も免除されていた、と見ることができよう。

一つの疑問として、ポーランド人暴徒であるとして、ホーホリンデンで殺された囚人達は、どれも一人の医師によって事前に麻酔注射されたのか、というのが未解明のままである。フランツ・ホニオクの場合のSS大尉の証言をうけいれると、一人の医師で全員の注射は無理だったことになる。犠牲者の殺害において、ミュラーの取り巻きの複数のSSの医師が協力した、と考えられるが、結局は一人の医師への調査しかなされていない。判明したのは、その医師は一九四三年に東部戦線で戦死したということだけである。

第3章　ピッチェン営林署

ピッチェン営林署への偽襲撃は予定通りに運ばれた。この襲撃場所では殺された囚人を置いておく予定はなく、また、営林署自体が町から遠く離れたところにあるため、襲撃隊の組織についての問題はなかった。襲撃隊が宿泊した居酒屋旅館の主人夫婦の証言によると、一九三九年八月三一日の夕方の七時ころ、一人の「私服姿の人」が現われ、部屋を希望し、そこでSS高級将校の制服に着替えた。これはラッシュのことと思われる。彼は襲撃隊を指揮してすぐに出発した。隊員達が出発するまで、主人夫婦と使用人達は調理場に、他の者は全員、中庭に面した部屋に退去させられた。午後一〇時に出発する前、指揮官はラム酒入りの紅茶四〇リットルを注文し、それから出て行った。

発進準備地帯から登場した「盗賊集団」がやかましくポーランド語で叫び、歌いながら、営林署に向かった。木材運送に手間取って時間に遅れた一人の馬丁がこの一団の声を聞き、恐怖と不安にとりつかれた。一団は営林署に近づくと発砲した。隊付きの運転手として参加していたヴィルヘルム・Kの証言によると、「弾薬の数は決められていた」。何発かが署に当たった。のちにメールホルンはラッシュから教えられたことは、「営林署の台所は壊され、バケツに入っていた牛血でよごされた」。これ以外にラッシュ隊は、一人の犠牲者があったように偽装した。朝早く、営林署近くで、一つの墓の盛り土があるのが確認された。だが、あとで掘り返してみると、中はガラクタしかなかった。電話の通報でピッチェンの町長が対策のため非常呼集をかけるよりも前に、襲撃隊は姿を消していた。

きっかり午後一〇時、全員が居酒屋旅館にもどった。ラム入り紅茶を飲みながら、隊長があいさつした。主人夫婦と従業員がいる中で、隊長は同隊を祖国の守護者と呼んだ。それから彼はポーランドに対する最初の勝利を祝い、同時に、一人の損失を残念に思う、と言った。明らかにこれは、住民に墓のことを知らせるためである。のちに偽の墓と判明するところの。それから襲撃隊は出発していった。

この間にザンドホイザーの国境監視所では、襲撃について知るところとなった。そして税関吏、国境警察官などがピッチェンの町有林をくまなくさがしまわったが、何の怪しい者も見つからなかった。ピッチェンでは、グライヴィッツやホーホリンデンで行われたような、見せかけの捜査もなかった。そのため、ここの偽襲撃は全体の状況とは余りにも関係が少ない。この作戦は、ラッシュがメールホルンに打ち明けたように、「完全に無害に進められた」。

第4章　結末

ホーホリンデンとピッチェンの襲撃隊はベルナウにもどり、そこで解散となった。ホーホリンデン隊はその前に、SS少佐ホフマンの証言するように、「再度徹底的な機密保持のため、最高刑による脅し」がなされた。ベルナウで隊員達は俸給を小切手でうけとった。同時に彼等には、小隊長Kの証言するように、「これ以外に成功のために叙勲と、戦後の賞金が約束された。これは総統の言ったことだ」。のちにトルンムラーはダッハウでの尋問でこう説明している。

「ミュラーと各隊長はのちに戦功勲章を授かりました。隊員達ものちに勲章を授かることになっていたのですが、実際に授与された者はほとんどいませんでした」。

SSとSDの管轄内で、「タンネンベルク作戦」に関する文書資料はもはや存在していない。タイピストとしてオペルンのゲシュタポ支部に勤務していたヴェラ・Gの証言。

「ドイムリンクのもとでの仕事には機密事項の取り扱いも含まれていました。私は金庫にも出入りしました。その中にはロッカーがありましたが、私はその鍵を持っていません。その中にあったのをたまたま目にしたことがありますが、ある特別な、紐がかけられた文書小包で、きわめて重要な機密事項が納められているようでした。私の記憶では、これはかつてオペルンのゲシュタポ支部が入手したものにちがいありません。この小包はドイムリンクがオペルンの任地を去る時、ベルリンに送りました」。

これについてドイムリンクは、

「書類小包について、私の記憶で思い出せるのは、国境紛争との関連について、オペルンの私の任地で手に入れたものです。あとですべての書類は私がベルリンに送りました」。

この証拠資料はこの時廃棄されたのか、それとも後になって戦争のために失われたのか。偽襲撃と囚人の殺害に決定的な責任がある人物達のうち、ゲシュタポ局長ハインリヒ・

ミュラーの運命だけは不明のままである。彼は戦争中、国家保安本部（RSHA）第四局長（ゲシュタポ）として、SS集団長兼警察中将にまで出世した。一九四五年四月ベルリン陥落直前、当時アイヒマン課が使用していたベルリンのクーアフュルステンダムの建物のバルコニーで目撃されたのが最後である。その後、彼の足跡は消えてしまう。ベルリン・ミッテ戸籍局の死亡証明書（一一七〇六／四五）によると、ミュラーは死んだことになっているが、本当に終戦時に死んだかどうかは疑わしい。ハインリヒ・ミュラーとの墓碑のある墓石の下を掘ってみても、わずかな骨のかけらしか見当たらなかった。状況からして、とてもミュラーのものとは言えない。だがそのどれもが何等の具体的な解決の鍵とはなっていない。戦後、世界中から何度も、ミュラーの現在位置なるものについての通報があった。だがそのどれもが何等の具体的な解決の鍵とはなっていない。ミュラーは一九〇〇年四月二八日生まれだが、まだ存命であるかどうかも疑わしい。とはいえ、彼があの時起こった出来事の鍵をにぎる人物であることには、まったく疑問の余地はないであろう。だがそのために、「タンネンベルク作戦」についての個別の詳細は依然として不明のまま残るだろう。

著者あとがき

ふり返って考察してみると、偽襲撃は、事前にその発案者達が見込んでいたほどの世論への影響を及ぼさなかった。そのことを度外視しても、この事件はドイツ国民に戦争への覚悟を決めさせることはできなかったのであり、当然、諸外国への影響も取るに足らぬものとならざるを得なかった。この出来事に続いて戦争になったために。そして、グライヴィッツ放送局への襲撃も、もっぱらプロパガンダとして利用されただけだった。これに対して、既述したように、ホーホリンデン税関への襲撃は当初とは大幅に計画が変更された。たとえ、根本的には人員の浪費を伴ってでも、この行動は準備され遂行された。ピッチェン営林署への襲撃は結局、つけたし程度の事件にすぎなかった。プロパガンダの側面はさておいて、偽襲撃はポーランド側による、個々の行動以上の、武力攻撃の証明を提供するはずだった。ヒトラーは、対ポーランド戦争を始めるにあたり、それに先立つ、満足のいくきっかけを望んでいた。もしヒトラーがまだ待っていたとするならそれは、この偽襲撃によって英仏両国がポーランドへの参戦義務を果たさないような成り行きにできる、と踏んだからなのであり、結局その二日後、ヒトラーは自分の誤りを正すことになった。

一九三九年八月三一日から九月一日にかけての夜に起こった事が今日の我々に立証しているのは、当時のナチス国家指導部の良心の犯罪的なまでの欠如である。それは、これに続く戦争を体験したあとで、やっと初めて、世論の視点から満足のいく解明がなされたのである。疑うことを知らない囚人の殺害はこれが初めてではない。また、多くのもっと重大な類似の犯罪がこれで終ったわけでもない。だが、「缶詰行動」なる言葉はいつまでも、人間の尊厳と人間の命を蔑視するシニシズムと結びつくであろう。本書は、かかる心性には常に立ち向かうよう警告するものである。

付録

本書で叙述の重点としたのは、検察当局による捜査で得られた行動参加者ならびに証人達の証言である。これに関連して、当時デュッセルドルフの検事正アルフレート・シュピースが指揮した捜査がどのように組織されたかについて、繰り返し質問がなされた。特に関心をひいたのは、いわゆる「缶詰」として厳重な秘密保持のもとに、襲撃地点で行われた囚人の殺害についてである。本書での叙述が提供できるのは、ただ犯罪的な仕事についての概観だけであるかもしれないが、それでも長時間が過ぎた今でも、国民社会主義の権力犯罪の解明を可能にするものである。

検察当局による捜査

1

一九六三年九月、ハンブルクのある映画クラブで、DDR（東独）のDEFA（ドイツ映画株式会社）製作の映画、『グライヴィッツ事件』が上映された。この映画の中では、あるポーランド人の強制収容所の囚人がグライヴィッツ放送局に移送され、そこでSS大尉アルフレート・ナウヨックスによって射殺されたことになっている。このことがきっかけとなって、すでに以前にナウヨックスに対して起こされていた「グライヴィッツ事件」についての訴追をさらに別の案件から拡大することが決まった。

ここでまず、一九四五年一一月二〇日にナウヨックスがニュルンベルク国際軍事法廷で行なった「宣誓供述」に立ち帰る（本書二一二頁を参照）。

「私はこの男を局の入口に寝かせました。彼はまだ生きていましたが、意識はありませんでした。私は彼の両目を開けようとしました。彼の両目からは生存が確認できませんでしたが、息はしていました。彼の体には銃創は見られず、ただ顔全体に多量の血が付着していました。彼は私服姿でした」。

これ以外に、一九四七年にダッハウで、ハンス・トルンムラーSS大佐とヨーゼフ・グルツィメク曹長が、ポーランド戦争犯罪調査団に対して、ホーホリンデンという名の別の襲撃地点——供述書では誤って「ホーエンリンデン」と記載されている——でのポーランド軍服姿の死者に関する証言をしている。この際興味をひくのは、死者の頭髪が短く刈り込まれていたことである。それは強制収容所の囚人の証拠なのである。

この作戦はヒムラーによって管理され、そのための国防軍によるポーランド軍服の調達が、一九四五年のニュルンベルク裁判でのエルヴィン・ラホウゼン将軍の証言の主題である。最後に、一九三九年八月二二日の、ヒトラーの三軍総司令官に対する言明は、彼が何を引き起こしたいのかを証明している、「私は戦争開始のための宣伝用の口実が必要である。その信ぴょう性はどうでもよい」。

ここではまだ偽襲撃の際に起こる殺人についての確実な認識は示されていない。しかし、偽襲撃の際の犠牲者が殺害された囚人であることが問題なのだ、との具体的な嫌疑はずっと残った。

2

殺人の嫌疑のために検察が捜査を行うには、広範囲にわたっての調査が必要とされる。最も有効なのは、個々の出来事について直接の関係を有するすべての関係者を網羅することである。だがそうすることで期待できるのは、個別の具体的な件で二、三の説明が得られる可能性だけである。その場合、関係者あるいは証人の死亡による欠落も考慮しなければならないし、手に入る限りそれ以前の、裁判以外の場で述べられた証言にまでさかのぼる必要もある。この間に、ミュンヘン現代史研究所で得られた特別な資料の考察も必要である。しかし、もし広範囲な細目についての調査を語っていくと、解説の枠をはみ出してしまう。そこで、ただ二、三の特別な細目についてだけ立ち入ることとせざるを得ない。

まず扱われるのは、決定的な組織としてのSDで活動した、あるいは行動に関係した、あるいはこれまでにそれが知られるようになったSS将校についての捜査である。ここで注目すべきは、偽襲撃を実行した襲撃隊とならんで、偽装工作を完全ならしめるために、囚人の調達と移送、そして殺害と死体を襲撃地点に横たえておくための特別な班が活動していたはずなのである。

「缶詰」として囚人を利用する目論見、その場合、重罪犯罪者の死体がどう扱われるかについての情報と教示について、知っているはずのSS将校が捜査された。さらに、ゲシュタポ局長ハインリヒ・ミュラーの「缶詰」調達での際立った役割についても捜査で扱われた。

一九六四年には、ブラウンシュヴァイク検察によって、ザクセンハウゼン強制収容所の政治課長だったSS少尉に対して捜査が行われ、そこで、第二次大戦勃発の直前、同収容所の一〇〜一二人の囚人が「缶詰行動」の名目でシュレージェンに移送され、そこで三人が殺されたことも判明した。

ホーホリンデンのドイツ税関への襲撃と関連して、六人の囚人の殺害について、SS隊員の証言からいくつかの結論が導き出された。彼等は、他の隊員とともに、殺された犠牲者の死体を森の中に埋めるためにそこに派遣されていたのだ。さらに、これらの証人が知っていたこととして、カール・ノヴァクがグライヴィッツ放送局襲撃で特別な任務を果たしたらしいのだが、それについては全く解明されていない。

これ以外に、証人達はカール・ノヴァクがすでに死んだ、ということをいつ知ったかという点で、この証言については今も未確認である。

3

一九六六年、アルフレート・ナウヨックスがハンブルクで死に、それによって同地の検察は担当をはずれた。担当はデュッセルドルフ検察に移ったが、それはグライヴィッツ放送局襲撃の時のナウヨックスの運転手がデュッセルドルフの近郊に住んでいたからである。ノルトライン＝ヴェストファーレン州警察の多数の係官も参加して、今度はまず、元SS隊員と元警察関係者に的をしぼって捜査することになった。襲撃に参加して今でも所在を突き止められる者、またはゲシュタポ関係者で何よりも当時オペルンとグライヴィッツで勤務していた者で、しかも行動の指揮をとった者である。沢山の関係者の個別の証言から得られる理解によって、モザイクを作り上げ、正確な全体像を作り上げるためである。ここでベルリンの「ドキュメント・センター」その他のカード資料の広範囲な解析が必要になった。これとともに、個々の人物への非常に時間のかかる滞在捜査が必要となり、再び捜査当局と難民機関の協力も必要となった。やっと付きとめた人物がすでに死んでいる場合は、身内の者に接近することが必要となる。もう物故した人物の生前の報告が証拠となる場合もある。

こうした組織的行動の過程で、ルードヴィッヒスブルクの州中央法務局に保管されているオペルンのゲシュタポ支部の職員名簿の閲覧ができ、それによって、ノルトライン＝ヴェストファーレン州でのカール・ノヴァク警視の死についての証言を突き止めることができた。ノヴァクの全体的な供述によって、グライヴィッツ放送局での死人についての状況の解明に貢献した。彼は、そのポーランド語の知識のゆえに、フランツ・ホニオクのホーエンリーベンへの留置と翌日のグライヴィッツ放送局への連行に同絆することが決まった。フランツ・ホニオクの名が行動の際に露見しないように、そしてノヴァクも気がつかれないように地名を「ホーエンリーベン」としてある。この地名にもとづき、当時ここに住んでいて、今は連邦共和国に住んでいる元の住民の探索も行われた。そうして遂に、フランツ・ホニオクの正体が明らかになり、さらに、デュッセルドルフ近郊でまだ健在だったホニオクの近親者を尋問することもできた。彼等は、この第二次大戦最初の戦死者の写真まで提供してくれた。

ホーホリンデンのドイツ税関への偽襲撃についての捜査では遂に、他の数多くの供述から事件の全体の経過を筋の通った方法で再構成することが、ある参加者の証言によって可能となった。元SS少佐カール・ホフマンを、多数の元SS将校名簿の中の同姓同名の中からやっと突き止めることができた。彼はベルナウでのSS隊員の訓練の最初からホーホリンデンでの襲撃まで、すべてに参加していた。彼は一九三九年八月三一日の税関への襲撃では、「ポーランド班」を率いていた。ホフマンの明確な供述によって、強制収容所の囚人がSDによって黒塗りのリムジンで運ばれ、襲撃の前に殺されたこととの最終的な証明となった。さらに彼の供述によって、ゲシュタポ局長ミュラーによる行動全体の指揮も確認できた。これらの証言によって、「缶詰班」は他の実行部隊とは厳密に分離して行動したことが、それ以前の証言をさらに補強するものとなっている。

これらの重要な証言とならんで、具体的な詳細についても多くの証言で明らかとなった。それらは、全体の関連で、この行動の特殊な一面を解明するものである。

たとえば、黒のリムジンによる「缶詰」移送については、別のSS将校も証言している。彼はまた、このリムジンが前進中の国防軍の隊列に入り込み、指揮官の将軍が激怒したことなども見聞していた。さらに、グライヴィッツの警察医務部員の回想で判明したことで、あるSS将校が開戦前夜にやってきて、白衣を借用しながら返却しなかったことも。のちにこのSS将校は白衣を返しにきたが、彼がフランツ・ホニオクに医学的処置のふりをして、グライヴィッツ放送局に移送する前に意識を失わせていたことも。これ以後の経過をノヴァクは供述で描写した。またグライヴィッツのゲシュタポ支局の係官二人による追加の証言によると、彼等は別々の時間にグライヴィッツ放送局で写真撮影をしたという。すると確かな結論としてよいのは、一九三九年八月三一日夕刻にまずフランツ・ホニオクだけを、そして翌朝には始めに殺された二人の強制収容所の囚人を、それぞれ放送局内で撮影した、と。ただし、最初の撮影はSS集団長ラインハルト・ハイドリヒによる命令とは一致していない。また、ホーホリンデン税関への偽襲撃の際、殺された囚人の埋葬についても、当時オペルン国家警察支所長ドイムリンクの証言によって確認がとれた。彼の記憶では、「グライヴィッツ郊外に埋葬された死体のために、のちに市長から苦情がきた」と。

　以上のような実例はまだある。こうしてとうとう、多くの証言から実態の解明がなされた。

4

襲撃班と「缶詰班」は組織上厳格に分離されていたが、それは少数のSD部員からなる「缶詰班」を分離することで、囚人の殺害に関与したSD部員の存在が外部に漏れて、正体を突き止められないためである。しかし、これまで継続された捜査でも、明確な実態は明らかでない。だからといって、第二次大戦中、「缶詰班」の関係者がヒトラーの何らかの指示によって、危険な戦場に行かされた、などと結論することはできない。ただし、この説を全く排除することはできない。すでにホーホリンデン襲撃の「ポーランド人グループ」を、襲撃後、秘密保持の理由から一時的に強制収容所に引き渡すことが予定されていたのだから。ただし、ホフマン大佐はハイドリヒとの良好な個人的関係から、それを阻止することができたことが、彼の証言から判明した。

SS曹長グルツィメクが蒸し返したナウヨックスの言明、一九四四年七月二〇日のヒトラー暗殺計画の時、すべての判明している襲撃隊参加者が拘束され殺された、というのは確認されていない。またやはりグルッィメクが証言したこととして、偽襲撃の準備の中で外務省関係者が協力したことについても、何の手掛かりも見つかっていない。これの意味するところは、行動に直接関係ないただの事情通の範囲が拡大したのであって、それもまた止むをえぬことであった。

犠牲者の選別と殺害において決定的な役割を果たしたゲシュタポ局長ハインリヒ・ミュラーのその後の運命については、依然として不明である。

一九三九年八月二二日のヒトラーの言明

ニュルンベルク国際軍事法廷記録
第二六巻 五二三頁より抜粋

イギリスとフランスについては、また〔態度が〕変化することもありうる。ただし、それを確実性をもって予言することはできない。自分は通商途絶と算定しているが、経済封鎖や、ひいては国交断絶までは計算に入れていない。我が方には鉄のような決意がある。何物にもたじろがない。誰もが最初から、世界強国に対する闘争のために決意する、との信念を持たねばならない。生死を懸けた闘争だ。ドイツは一つにまとまっていたら、これまでのどの戦争にも勝っていただろう。鉄のようなゆるがぬ姿勢がすべての上位にくる、そして確固たる自信と勝利の信念、最も重い負担にも耐えられることによって、過去の時代を超克する。長い平和な時代は我々に良い効果をもたらさない。かくて、何事にも算入が必要なのは、雄々しい姿勢。機械同士では互いに戦わない、戦うのは人間だ。我が方は質的に優れた人間だ。精神的要素こそ決定的である。相手側は弱い人間である。

一九一八年にドイツが負けたのは、精神的前提条件に欠けていたためである。フリードリヒ大王は、ただその精神力によつて、最終勝利を勝ち取った。正面にあるのはポーランドの殲滅である。目的は〔ポーランドの〕生存上の諸力の排除であって、ある一定の線までの到達ではない。もし西部で戦争が勃発しても、ポーランドの殲滅が第一に置かれる。時季を考慮して、迅速な決戦。

私は戦争開始のための宣伝上の口実が必要である。その信ぴょう性はどうでもよい。勝者はあとになってから、本当のことを言ったかどうか問われることはない。戦争の開始と遂行において必要なことは、正義にかなっているかどうかではなく、勝利にかなうかどうかなのだ。

憐憫は無用。獣的行動。八〇〇〇万人がその権利を手に入れねばならない。その存在を保障されねばならない。強さこそ正義である。最大の非情さ。

決断の迅速さが不可欠。独軍将兵への確固たる信頼。危機はただ、指揮官の神経が役立たずになった場合のみ。

第一目標――ヴァイクセル河とナレフ河までの突進。我が方の技術的優位により、ポーランド側の神経は粉砕されよう。新編成の現役ポーランド軍のどれも、即座に殲滅すべし。持続的な消滅。

新しいドイツの国境線は健全な観点からすると、前哨地として保護領を置く。これ以外に軍事作戦上の考慮は必要ない。間断ないポーランド軍の粉砕こそ作戦目標である。迅速さが要点である。完全殲滅の追及。

ドイツ国防軍には可能な要請だと確信している。開戦はおそらく土曜の朝発令されよう。

エルヴィン・ラホウゼン将軍の一九四五年一一月三〇日の証言

ニュルンベルク国際軍事法廷記録
第二巻　四八五頁より抜粋

エーメン大佐（米次席検事）　ではここでラホウゼン将軍を出廷させたいと思います。
裁判長　姓名を言って下さい。
エルヴィン・ラホウゼン証人　エルヴィン・ラホウゼン。
裁判長　名前をアルファベットで言って下さい。
ラホウゼン　L－a－h－o－u－s－e－n。
裁判長　ではこの宣誓を私のあとから繰り返して下さい、「私は全知全能の神にかけて誓います、全くの真実を述べること、そして何も黙秘せず何も付け加えないことを」。
（証人は宣誓を繰り返した。）
裁判長　証人を着席させようとしないのですか？
エーメン　着席許可が妥当と思います。証人は心臓疾患で悪化のおそれがあります。
裁判長　よろしい、着席して下さい。
エーメン　あなたの出生地は？

ラホウゼン　私はウィーン生まれです。
エーメン　生年月日は？
ラホウゼン　一八九七年一〇月二五日
エーメン　職業は？
ラホウゼン　軍人です。
エーメン　どこで教育をうけましたか？
ラホウゼン　オーストリア、ウィーン・ノイシュタットのテレジアン士官学校で教育をうけました。
エーメン　すぐに将校になったのですか？
ラホウゼン　一九一五年に歩兵少尉に任官しました。
エーメン　第一次大戦に出征しましたか？
ラホウゼン　はい、はじめは少尉、それから中尉として。
エーメン　その後昇進しましたか？
ラホウゼン　はい、私は当時のオーストリアに割り当てられた枠内で昇進しました。
エーメン　一九三〇年にあなたが就いていた階級は何ですか？
ラホウゼン　一九三〇年には大尉でした。
エーメン　あなたは一九三〇年以降もさらに教育をうけましたか？
ラホウゼン　私は一九三〇年にオーストリア陸軍大学に入りましたが、その機能はドイツ国防軍での陸軍大学に相当します。私は参謀将校としての教育をうけました。

エーメン　どれくらい教育をうけましたか？

ラホウゼン　ここでの教育は三年です。

エーメン　一九三三年にあなたは正規軍のどの部隊に所属していましたか？

ラホウゼン　一九三三年にはオーストリア第二師団で勤務しました、これはウィーン駐屯です。

エーメン　どんな種類の業務についていましたか？

ラホウゼン　私は情報将校として配属され、そこで私の教育は中断されることになりました。

エーメン　それからあなたは更に昇進しましたか？

ラホウゼン　私は当時オーストリアに割り当てられた枠内で通常の昇進をかさね、一九三三年末に少佐、一九三五年か三六年初めには参謀本部の職をひきつぎ、一九三六年六月、参謀本部で中佐になりました。

エーメン　それであなたはこの時期、情報課に所属していたのですか？

ラホウゼン　私はオーストリアの情報課にいました。ここはドイツ国防軍で「アプヴェーア」（対外防諜局）と呼ばれているものに、専門的な概念が相当します。付け加えますが、オーストリアではこの時初めて、だから一九三六年に「情報課」が設置されたのです。それ以前はありませんでした。一九一八年のオーストリア＝ハンガリー君主国の崩壊後、オーストリア連邦軍の枠内で、完全に廃止された軍事情報業務を再建する意図はありませんでしたから、私がこの業務のために教育をうけたことは、これからの情報課の業務を組織化しようとの目的からでした。

エーメン　あなたの第一の活動領域は何ですか？

ラホウゼン　私の責任ある上司は、当時課長だったベーメ大佐で、私の属する情報課の長です。私は彼に責任を負い、彼は私に命令と指示を下しました。それ以外は参謀総長からです。

裁判長　エーメン大佐、もう少し短縮できませんか？　この詳細の全部は必要ないでしょう。

エーメン　お願いするのは、当法廷が今見聞しつつある事実は、証人が後にドイツ陸軍で同じ立場に就いたということの重要性なのです。法廷がそれにふさわしい配慮をされんことをお願いします。法廷で明らかにしたいのは、あなたがアプヴェーアに転属になったのちのあなたの主な活動は何であるか、そしてどのような情報に関係していたのかを。

ラホウゼン　正しく理解していただけるなら、私はオーストリアの情報課員、すなわちオーストリアのであって、いわゆるドイツのアプヴェーアのではありません。

エーメン　独墺合邦後はどんな地位に就きましたか？

ラホウゼン　合邦後私は自動的に国防軍最高司令部（ＯＫＷ）の中の同じ業務に配属になりました。それがアプヴェーアで、局長はカナリス提督です。

エーメン　カナリス提督の地位は何ですか？
ラホウゼン　当時カナリス提督はアプヴェーア局長でした。
エーメン　では簡潔に、カナリス局長のもとでのアプヴェーアの主要部署の役割を説明してください。
ラホウゼン　私がアプヴェーアの対外諜報課に来た時、それは一九三八年の合邦後のことですが、三つの課があり、外国課は機構上、対外防諜課に統合されました。私の体験したのはこの関連であって、それ以前については何も言うことはありません。
エーメン　あなたの任務は何でしたか？
ラホウゼン　私は最初、自動的に防諜第一課に入りましたが、それは情報収集を取り扱うのと、秘密通信が任務でした。私は当時の課長ピーケンブロック大佐のもとで勤務しましたが、彼もカナリス提督もすでにオーストリアでの私の過去を知っているようでした。
エーメン　カナリス提督はあなたの直接の上官でしたか？
ラホウゼン　はいそうです。
エーメン　あなたは時によって、彼の個人的代理を務めましたか？
ラホウゼン　はい、彼の直属の代理ピーケンブロック大佐が不在の時や、カナリス提督が何かの理由で必要とする時、大抵私が代理として出席しました。
エーメン　あなたはこの資格で、カイテル元帥と何らかの接触はありましたか？
ラホウゼン　はい。

エーメン　あなたはヨードルとは接触はありましたか？
ラホウゼン　より低い次元で、時々。
エーメン　あなたの出席した会議で、ヒトラー氏がそこにいたことがありますか？
ラホウゼン　はい、私はいくつかの小さい会合に出席しましたが、そこでヒトラーも在席して議事を取り仕切っていました。
エーメン　あなたは法廷に、アプヴェーアの幹部達がヒトラーの戦争計画を知っていた、と言えますか？
ラホウゼン　私が言いたいのは、当時アプヴェーアの幹部達はカナリスの個性によって結びついていました――我々の小さな内輪の中では全く明らかでした。
エーメン　この作戦には特別な名称がありましたか？
ラホウゼン　私が課の業務日誌に記したように、この作戦は、対ポーランド開戦直前に発せられるべきもので、名称は「ヒムラー」となっていました。
エーメン　求められた補助の内容について説明してください。
ラホウゼン　用件は、これから証言するように、謎めいた行動でした。対外防諜課の雰囲気の中で生じたのは。八月半ばの何日何時ころか――正確な日付は課の日誌に記載されています――、防諜第一課と私が属する第二課で、ポーランド軍の制服と装備一式――たとえば軍事手帳その他類似の物――を「ヒムラー作戦」のために調達することでした。指示をうけて――課の日誌の記述にあるように、私ではなく副官が書いた――、おそらくOKWの国防軍統帥局もしくは国土防衛課から。たしか、ヴァルリモント将軍の名がありました。

エーメン　誰からこの要請があったか分かりますか？

ラホウゼン　要請がどこから来たかは分かりません。私が思い出せるのは、我々の頭越しに、また該当の課長達の頭越しに命令として下達されたことで、最後にどこまで達するかは分からないまま、こちらで計画をまとめました。「ヒムラー」なる名称はすでに話題に上っていました。日誌の記載にも、すでに次のような言い回しがあります。我々から渡される制服をうけとる時、なぜヒムラー氏がそこに出てくるのかと問い合わせをしています。

エーメン　ポーランド軍の材料はいつ引き渡しましたか？

ラホウゼン　この装備一式をそろえたら、二、三日中にSSかSDの誰かが取りに来ることになっていました——名前は課の日誌にあります。

エーメン　これらのポーランド軍の材料が何に使用されるか、アプヴェーアには知らされませんでしたか？

ラホウゼン　はっきりした目的の仔細は今日でも知りません。ですから当時も知りませんでした。ただし我々は皆、当時すでにはっきりとした疑惑を持っていました、ここで非常に悪いたくらみが演じられようとしている、と。それは作戦名が保障していました。

エーメン　実際に何が進行しているかカナリスは知っていたのでしょうか？

ラホウゼン　実際の経過は次の通りです。最初の国防軍公報にあるように、ポーランド軍もしくはポーランド人によるドイツ領攻撃が語られ、ピーケンブロックが言うには、公報を手にして、我々が集めた制服が今なぜそこにあるのか知っている、と。私は知らなかったのですが、同じ日かそれともその二、三日あとに、カナリスが教えてくれたのは、この軍服姿の男達は強制収容所からそれを着せられて来た、と。それと、何かの軍事上の攻撃行動がグライヴィッツ放送局にある、と。他の場所については知りません。そして我々、オスター将軍（アプヴェーア次長）も含めて、この行動の仔細がどう運ばれるのか、何時始まるのか、そして発生する個々の事案について関心がありました——我々は想像することはできましたが、どうやって実行されるかは知りませんでした。本当に私は今まで知らなかったのです。

エーメン　強制収容所からの人達に何があったか、ポーランド軍服を着せられて襲撃の口実にされたことについて、あなたは今知ったのですか？

ラホウゼン　奇妙なことです。私はこの件についてずっと関心を持ってきました。さらに降伏後、私が病院にいた時、同室のSS大尉でウィーン人とこの件について話をしました。彼はこの件に最初から一枚嚙んでいるように思われました。そのビルケルと名乗る男はこう言いました、「まったくおかしなことです。我々の仲間はこの件について、ずっと後になってからただそれとなく打ち明けられただけなのですから。私の知るところ（それはビルケルの知るところ）、すべての当時これに加担したSD部員は殺されたにちがいありません」と。私がこの件で知っていることは以上です。

SS少佐
アルフレート・ヘルムート・ナウヨックスの証言

ニュルンベルク国際軍事法廷記録
第三一巻 九〇頁より抜粋
一九四五年一一月二〇日、
ドイツ・ニュルンベルクにて

宣誓　　アルフレート・ヘルムート・ナウヨックス

私、アルフレート・ヘルムート・ナウヨックスは宣誓のもとに以下の証言をします。

一、私は一九三一年から一九四四年一〇月一九日までSS隊員で、かつ、一九三四年設置のSD部員を一九四一年一月まで務めました。そして一九四一年二月から一九四二年半ばまで、武装SS隊員でした。その後一九四二年九月から一九四四年九月まで、ベルギーの軍政府の経済課に勤務しました。一九四四年一〇月一九日に連合軍に投降しました。

二、一九三九年八月一〇日ころ、保安警察長官兼SD部長ハイドリヒは私に個人的に、ポーランド国境付近のグライヴィッツ放送局への襲撃を偽造して、それをポーランド人の仕業に見せかけるよう命令しました。ハイドリヒによると、「ポーランド側による襲撃についての実物の証拠は外国の報道機関とドイツ国内向けに必要」だというのです。私が命じられたのは、SD部員五、六人をつれてグライヴィッツに行き、ハイドリヒからの合言葉によって襲撃を実行することでした。任務の内容は、放送局を乗っ取り、必要な時間そこを占拠し、可能ならばポーランド語のできるドイツ人にポーランド語の放送をさせる、というものでした。このポーランド語のできるドイツ人というのは、私に裁量をまかされた人員でした。

さらにハイドリヒは、当然そうなるだろうが、独波間の紛争が勃発してポーランド軍が集結してきたら、彼等に抵抗するドイツ人はだれでも打ち倒されることになるだろう、と言いました。そして彼はまた、「ドイツのポーランド攻撃はあと数日延期される」とも言いました。

三、私はグライヴィッツに行き、そこに一四日間いました。それから私はハイドリヒに、ベルリンへの帰還を許可するよう願い出ましたが、グライヴィッツにとどまれとの指示を受けました。八月二五日〜三一日の間に、この時近くのオペルンに来ていたゲシュタポ局長ハインリヒ・ミュラーの訪問をうけました。私の面前でミュラーはメールホルンという名の人物と、国境襲撃の計画を検討しました。ポーランド兵がドイツを攻撃したように見せかけることになっていました。この別の事件が起こることになっている場所は、私の記憶ではホーエンリンデンという地名でした。ほぼ一個中隊相当のドイツ人がそれに投入されることになっていました。ミュラーが言うには、一二〜一三人の有罪判決をうけた犯罪者にポーランド軍服を着せて、その死体を事件の現場に置き去りにしなければならない。それで彼等がテロ活動の最中に死んだ、と見せかけるためである、と。そのため囚人達にはあらかじめ致死性の注射を打っておくが、それはハイドリヒが雇った一人の医師によって実行される。死体には銃創も付け加えねばならない、と。テロ活動終了後、新聞その他報道関係者や一般人を現場に呼びよせる。さらに警察による報告も仕立て上げる、と。

四、ミュラーは私に、この罪人の一人をグライヴィッツでの私の行動に使うように、とハイドリヒが命じた、とも言いました。ミュラーがこれら罪人につけた符号は「缶詰」でした。

五、私も加わったグライヴィッツ事件は、ドイツによるポーランド攻撃の前夜に実行されました。私の記憶では、戦争が始まったのは一九三九年九月一日でした。八月三一日の昼ごろ、私はハイドリヒから電話で、今夜八時決行、との決定を知らされました。ハイドリヒの言葉、「この計画遂行のため、君はミュラーに『缶詰』のことを連絡したまえ」。私がそうすると、ミュラーは私に、放送局のそばで一人の男を引き渡す、と指示しました。私は引き取り、この男を局の入口に寝かせました。彼はまだ生きていましたが、意識はありませんでした。私は彼の両目を開けようとしました。彼の両目からは生存が確認できませんでしたが、息はしていました。彼の体には銃創は見られず、ただ顔全体に多量の血が付着していました。彼は私服姿でした。

六、我々は命令通り放送局を占拠し、三〇分~四〇分ほどの長さの演説を非常用マイクを通じて流しました。そしてピストルを数発撃ち、それから立ち去りました。

以上申し立てた事柄は真実であります。この証言は私の自由意思によるもので、何らの強制によってなされたものでもないことを通読のうえ署名します。

アルフレート・ヘルムート・ナウヨックス

一九四五年一一月一九日　ニュルンベルクにて

同席　ジョン・B・マーティン米軍法務少尉

SS大佐
ハンス・トルンムラー博士の証言

「ルードヴィッヒスブルク・センター」資料からの抜粋

ポーランド戦争犯罪調査団議定書

一九四七年八月一三日　ダッハウにてステファン・ヤスキエヴィッツ少佐と書記アルフレート・カッタインの陪席により、ポーランド戦争犯罪調査団の委託にもとづき、証人ハンス・トルンムラーを尋問した。偽証の罪についての注意と以下の証言についての規則通りの弁護とともに、ポーランド刑事裁判規則にもとづく。

身上

姓名　トルンムラー、ハンス、博士

生年月日および出生地　一九〇〇年一〇月二四日　テューリンゲン州フリードリッヒスローダ

現住所　プレッチュ・アン・デア・エルベ　バーンホーフ街二〇番地

身分証明書　なし

国籍　ドイツ
所属国家（一九三九年九月一日現在）　帝国ドイツ
職業　警察大佐
ポーランド語知識　なし
近親に犯罪者の有無　なし
偽証罪の前科　なし

本題について

私は一九三九年八月初め、国家保安本部第四局長ミュラー警察中将、ヘルヴィッヒ大佐、ホフマン少佐等のSS高級将校と「ホーエンリンデン」出撃を決定しました。

計画された出撃は「機密国家事項」扱いされました。我々の誰もが、将校・下士官・兵にいたるまで、出撃前に二回も誓約書に署名させられました。もし機密保持を破ったら死刑に処し、一家眷属《いっかけんぞく》を根絶やしにする、との。私がうけた「ホーエンリンデン出撃」のより密接な命令はミュラーからのもので、彼の本部の者からでした。この命令は個人の任務についてのみ厳格に限定され、私は同じ時に起こされるはずの行動について、他の場所と人間について何も知りません。私がうけた命令はほぼ次のようなものでした――ホーエンリンデンからプレスの一帯でポーランド国境警察と反徒による数多くのドイツ領内侵犯が起こる。これにそなえて、ドイツ国境警察が強化される。ホーエンリンデン南方の地域で、偽のポーランド国境警察部隊および暴徒によってドイツ税関を襲撃し、ドイツ国境警察がこの襲撃を排除して、ポーランド国境警察（我が方が制服を着せた）を拘留することでした。そのための準備として、ベルナウのフェンシング学校で大掛かりな訓練が行なわれました。この目的のため、オーベルシュレージェンの一般ＳＳの各中隊からポーランド語が堪能な者を警察増強の名目で集め、それからベルナウの学校で召集令状に従って内容を通知しました。このＳＳ隊員にはまだ召集の意味を通知していなかったのです。ＳＳ隊員は私の前で前述の誓約書に署名させました。この時から彼等は「秘密保持者」になったのです。

私が思ったのは、この命令がもっと高次の、あるいは最高の次元から発せられたのだから、実行の時に何か特別な事が起こるかもしれない、ということでした。だから、国境事件を問題にすると、この件に外務省も関係しているはず、と想像せざるをえませんでした。この命令について、外務省の誰かと話したことはありません。ベルナウには一度行っただけです。そこで外務省関係者を見たことはありません。

一九三九年八月二〇日ころ、出撃隊はスラヴェンチッツェに移動しました。二三日には出撃が敢行されることになっていました。より高度の政治的、そしておそらく軍事的理由から、出撃はもっとあとにずれこみました。機密保持上の理由から、隊員たちは特別に監視されていました。

一九三九年八月三一日夜から九月一日にかけて、出撃が遂行されました。ポーランド軍あるいはポーランド民間人との衝突はありませんでした。出撃地点について、きわめて詳細に作成された命令（国家保安本部）をベルリンから受け取りました。内容は以下のようです。

一、今より以降、ポーランド語のみにて話すべし。散開したままの隊形で前進すべし。その際、反独的歌謡とポーランド愛国歌をうたうべし。たえずポーランド語でドイツをののしるべし。「ポーランド万歳」、「打倒ゲルマン」などの語を用うべし。前進時、たえず空中に向けて発砲すべし

二、ドイツ税関に到着の際、これを完全に破壊し、すべての備品も粉砕すべし。税関内の館員はポーランド人により殺されることとなるべし。館内に民間人を見つけたる場合、そのまま放置しおくこと。

出撃中、私はずっとホーエンリンデンの町の入口にいました。それから税関に行きました。私が税関に着いたのは、すでに命令通りに事が運ばれてからでした。そこでポーランド軍服姿の何人もの囚人が横たわっていました。彼等はトラックで運ばれてきたのです。これらの死体の由来は知りません。我々がスラヴェンチッツェへもどっていく時、すでに独軍が侵入してくるのを見ました。

ここではミュラーが最高指揮官として、自分の部署の何人かをともなって、私服姿です

べての行動に臨場しました。命令遂行を逐一ベルリンに報告していました。

「秘密保持者」である我々すべてのホーエンリンデン行動およびその他の同時出撃参加者は、戦時中ずっと前線送りにはなりませんでした。ただし官庁関係でない関係者は、戦争中もずっと保安警察の監視下にありました。ミュラーと各隊長はのちに戦功勲章を授かりました。隊員達ものちに勲章を授かることになっていたのですが、実際に授与された者はほとんどいませんでした。それについてはほとんど疑いの余地はありません。

さらに申し上げたいのは、私のホーエンリンデン滞在中と命令遂行中の一九三九年八月二五日から九月一日のあいだ、ポーランド側の軍あるいは国境警察によるドイツ領内への侵入はありませんでした。

以上朗読の上署名
Dr.ヤスキエヴィッツ　　M.ヴェツレヴィッツ　　アルフレート・カッタイン　　ハンス・トルンムラー博士

補足
スラヴェンチッツェはコーセル—カンドルツィン—オスヴィエジムを通る鉄道上のクロドニッツの右側にあり、ここで扱われているのはエーレンフォルスト村のこと（本書第3部の第2章を参照）。

SS軍曹
ヨーゼフ・グルツィメクの証言

『モラルなき権力』――SSに関する資料集
ライムント・シュナーベル編、からの抜粋

宣誓供述

ポーランド戦争犯罪調査団

一九四七年七月一〇日　ダッハウにて、マリャン・ヴェツレヴィッツにより、書記ヘレナ・カモフスカ陪席で、ポーランド戦争犯罪調査団の委託にもとづき、ヨーゼフ・グルツィメクを尋問した。偽証罪に対する罰則と、証言した内容について文書での宣誓を示して。

身上

姓名　グルツィメク、ヨーゼフ

生年月日　一九〇五年一一月一〇日

現住所　ダッハウ　第29収容棟　31G6592869号房

一九三九年九月一日現在の国籍　帝国ドイツ人

宗教　カトリック

職業　帳簿係
軍歴　ＳＳ曹長
所属部隊　フロッセンビュルク駐屯ＳＳトーテンコップフ大隊
武装ＳＳ隊員だったか　はい
一般ＳＳ隊員だったか　はい
ＳＡ隊員だったか　いいえ
ナチス党員だったか　はい
前科は　いいえ
ポーランド語会話は可能か　はい、でも完全ではありません
偽証の前科は　いいえ
拘留はいつからか　一九四五年五月一五日から

一九三九年八月中旬、私は電報でベルリンのヴィルヘルム街のＳＳ本部に呼び出されました。私が到着すると、多数のＳＳの関係者に会いましたが、皆が私同様に出頭命令をうけていました。そしてこの日に、我々は密閉されたトラックでベルリン近郊のベルナウの森の中に設置されたＳＳフェンシング学校に行き、そこで藁でできた非常宿泊所に泊りました。

ここで確認したのは、全員がオーベルシュレージェンの出身だということでした。完璧なポーランド語を話し、グライヴィッツとオペルン、ボイテンのＳＳ第23と第45連隊に属

していました。誰も学校を離れることは許されませんでした。外部との手紙連絡も厳禁されました。それ以外に申し渡されたのは、仮の番地「SS国家長官」について口外した者は死刑に処す、とのことでした。さらに、我々は国境警察としてポーランドとオーベルシュレージェンの境界付近で何かを意図しており、そのための訓練をしている、と教えられました。さらに我々は、黙秘の義務を破ったら我々自身のみならず一族全体を根絶やしにする、という義務の説明が一杯書かれた文書に署名させられました。ただし、この義務を宣誓させられたかどうかは覚えていません。

我々全員に特徴的だったのは、前述のすべての連隊の中隊から一人ずつがベルナウに召集されていたことです。私自身、オーベルシュレージェンのカールスルーエにある私の以前の中隊から一人だけここに来ました。そして昔馴染みの同志と再会しました。ベルナウで我々は中隊に分けられました。中隊長と分隊長はSS少尉の制服姿でした。我々の短いベルナウでの滞在中、歩兵教練だけをうけました。

軍人風ではない所作と不完全な軍事上の規範から、我々は気づいていましたが、我々の前にいる人物は現役の軍人ではない、と察しました。ベルナウでの訓練中、何度も私服姿の紳士を見かけ、その人のいる前で、我々は在外ドイツ人から我々のポーランド語についてチェックされました。この在外ドイツ人達はすでに長い事、ベルナウにいてSS少尉と共に働いているような印象をうけました。というのも、彼等はとても同志的なやりとりをしていたからです。私服の人がポーランド語に堪能だったかどうかは分かりませんし、彼等が何者だったかも知りません。ただ我々の中には、私服の人物の中に外務省のヴァイツゼッカー次官だろう、と言う者がいました。その私服はとてつもない背丈によって特に目立っていました。そして我々は、彼がヒトラーやリッベントロップと一緒に写真が新聞に載っていた人物と同じだ、と結論しました。

ニュルンベルクのIGファルベン裁判との関わりで、今年の五月五日の『ノイエ・ツァイトゥンク』紙上に現れたIGファルベン重役のゲオルク・フォン・シュニッツラーの顔は、よくよく考えるに、あの時ベルナウで我々を視察していた私服の一人ではないかと思います。私は今年の四月ころ、ダッハウのCIE29号房でこの男を見ました。その時私は彼に、「おい、君。私は君を知っている、一緒に出撃しなかったか?」と問いかけました。彼の返事は、「知らない」でした。そこで私はさらにこう言いました、「君はベルナウで我々を視察していた」。彼は、「あなたはいたのか?」。私は繰り返して、「ああ、ああ、私はそこにいた」。それから私の判定、「君はそこにいた」。すると彼は返事ができませんでしたが、丁度そこへ一人の米兵がやってきて、互いの会話を禁じました。あとで知ったことですが、彼は外務省関係者と関係しているとのことでした。当時、多くの外務省職員がニュルンベルクに移送されてきましたから。さらに私は今年五月中旬、房で一緒になったある抑留者から、彼が当時ポーランド軍服をすべての作戦のために調達したと、教えてくれました。私は独房にもどされたので、彼の名前は知りません。

ベルナウで我々が支給されたのは、ポーランド軍服上下、ゲートル、四角形の帽子、剣帯、短靴、シャツ、弾盒でした。上着はオリーブ色の生地で、のちにポーランド兵の捕虜がこれと同じものを着ているのを見ました。ボタンにはポーランド鷲がついていました。帽子は上着と同じ生地でした。帽子の冠部も同じ生地でした。剣帯は褐色の革製で、バックルと穴があいていました。上着には簡単な肩章がありました。鏡で確認したかどうかは覚えていません。

　以上の出来事の経緯を、私は自らの記憶によって話しました。出撃のために召集された隊員の大部分はこの経緯を知っています。ポーランド軍服を着たのは、なお小さな点として、あの時ポーランド軍の一員として自白することになっていました、ドイツ人に対するテロ行為についての供述をポーランド語でする場合のためです。私はしかし、そのような事柄について、自分の知見から言っていません。ただドイツの宣伝ではそうです。〔反徒とされた〕男達の服装は緑のシャツと様々な色のズボン、それに様々な色のジャケットでした。頭にはキャップか帽子をかぶせました。すべての制服着用者には騎兵銃を持たせました。その出元がポーランド軍からかどうかは分かりませんが、どれも本物のポーランド軍の兵器でした。それをどこの部署が調達したかは分かりません。私の記憶では、各自におよそ三〇発の弾薬を支給しました。それ以外の兵器はありません。そして全員が特別な指示書はありません。我々がベルナウに運んだ服装類はそこで引き渡されました。

　ベルナウを出発する前、フェンシング学校の大広間で、出撃が決まった隊員全員の整列が行われました。その時、一人のＳＳ旅団長――名前は覚えていません――が我々の隊長として紹介されました。我々がベルナウですでに出撃の本当の目的について教えられていたかどうか、今では分かりません。一九三九年八月二二日ころ、あるいは二一日だったかもしれませんが、出撃がきまった隊員達のための積み込みが始まりました。私が属した隊はおよそ八〇人ほどで、オーベルシュレージエンのグライヴィッツ近郊のスラヴェンチッツェに向かいました。これも覆いのついたトラックで行きました。ここで支給されたポーランド軍服と兵器とともに、姓名と番号を与えられ、それを確認しました。スラヴェンチッツェに向かう途中で、標章のついていない灰色のマントと作業衣を着ました。出発前、我々はきっぱりと禁じられました。車の中から外を見たり、他の者に話しかけたり、我々同士で話をしたりするのを。一九三九年八月二一日か二二日の夕方、我々はスラヴェンチッツェに着き、一軒の旅館に収容されました。すべての出入口にはただちに歩哨が置かれ、我々は割り当てられた部屋以外の居酒屋旅館の他の部分、特に酒蔵に行くことは許されませんでした。我々の隊長はベルナウのフェンシング学校長のホフマンで、前述のSS旅団長と分隊長はスラヴェンチッツェのホーエンローエ侯の城館にいました。

八月二三日の夕刻、我々は再びトラックに乗せられてポーランド国境に向かいました。そこの森の中で野営したのです。土地勘のある同士によって、我々はオーベルシュレージエンのボイテン近くのホーエンリンデン村の独波国境にいる、と知りました。暗くなってから、そこで何人かの私服の人物に会いましたが、それはベルナウで我々を視察していた人達です。隊長のホフマンとSS旅団長と分隊長は我々から数メートル離れた林道の入口に停めた自動車の中で何やら話していましたが、その内容は教えてくれませんでした。ただ、ちょっとした言葉の端々が聞こえただけです。話し合っている者の中で興奮する者がいて、「すべて裏切られた」、などの言葉が聞こえました。前述したベルナウからの長身の私服もまた、おそらく外務次官ヴァイツゼッカーと思いますが、この会話に加わっていました。話が終るとすぐに我々はまたトラックに乗り、同地の警察営舎のあるボイテンに向かいましたが、そこでは重要なことは何もありません。ただそこで、多くの出撃参加者に、棍棒とピストル、銃剣が支給されました。分配は警察営舎の乗馬館で、SS旅団長は隊員を選別して、独波国境に住んでいて、ポーランドの地理に明るい者を選びました。そしてこの隊員達にはっきりと、「諸君は決死隊である、もし弱気を感じている者がいたら手を引いてもよい」。――この決死隊はポーランドに出撃することになっていました。その詳細については教えられていません。ボイテンの警察営舎には数時間しかいなかったと思います。それから我々はもう一度、スラヴェンチッツェの旅館にもどりました。

それは一九三九年八月二四日のことでした。私はここでホーエンローエ侯の居城で、かなりの人の往来を観察しました。私はホフマンの従卒としてそこに泊っていたからです。前述の将校や下士官以外にも、この城館に精通した多くのSS将校と下士官が現われ、検討に加わり、またすぐに出て行きました。それで分かったことは、この会話の参加者がポーランド在住の在外ドイツ人に対するテロ活動に加わることになっている、と。それから聞こえたのは、これ以外にも出撃が計画されていること。その詳細は分かりません。会話には繰り返し、在外ドイツ人の事が出てきて、それは辛い事ですが、彼等はポーランドにいる同胞に対してテロ活動をする命令をうけていた、そしてこの活動では棍棒も使うことになっていた、ということです。特に私が注目したのは、この在外同胞へのテロを、ポーランドに対する行き過ぎた煽動へと発展させる、ということでした。城館に駐在している時に、制服一式を運ぶ行李につけた宛先をちらと見るとSS高級将校の名でしたが、運んできたのは下士官の階級章しかつけていませんでした。また、城館にいたそのSS隊員で、行李に記された名前の者は一度も耳にした事がありません。行李は該当するすべてのSS隊員の部屋にありました。今でもウンルーとヘルツベルクの名を覚えています。彼等を私はすでにベルナウで見知っていました。

八月二五日ころ、すでに何回も取り上げた我々の隊長であるSS旅団長が、最初に意図した出撃失敗のために解任され、トルンムラー大佐と交代した、と聞かされました。二六日ころ、彼は城館に現われ、我々の隊の指揮をひきつぎました。SS旅団長は我々にもホフマンにも非常に友好的に対応してくれましたが、トルンムラーはいつも我々を見下した傲慢な態度で接し、我々全員が彼に強い反感をもちました。このトルンムラーの態度は当然、我々の気分にも影響しました。

一九三九年八月三〇日に、すでにベルナウで受けていた命令により、我々はまず、再び渡されたポーランド軍服を着て、スラヴェンチッツェへ移動しました。今度はそれ以外に武器も手渡されましたが、万一の時には、それは真っ先に取り上げられることになっていました。今度もまた我々は、繰り返し、厳重に守秘義務に従うよう注意されました。着替えののち、再び前回と同じホーエンリンデン近くの、一度配置されたことのある林道まで運ばれました。ここで我々は日没を待ちました。それから我々はホーエンリンデンに向けて行軍し、空き家となった農家に停まり、それからすぐに出発して、今度は国境方向のホーエンリンデンの東出口に着きました。ここでトルンムラーから命令が伝達されましたが、その内容はほぼ以下のようでした、ここで復唱します。

一、これからはポーランド語のみ話すこと。ポーランド国境沿いを走る街道の左側に散開して前進すること。その際、大声で反独的歌謡とポーランド愛国歌をうたうこと。さらに、常に大声でポーランド語でドイツをののしること。以下のたとえば、「ポーランド万歳、ゲルマン人を打ち倒せ」のような文句を用いること。前進中もたえず空に向けて発砲すること。

二、街道左側のドイツ税関に到着後、内部の設備・備品をすべて破壊すること。

トルンムラーは伝達の際、ドイツ税関の官吏はポーランド側によって殺されることになる、と告げました。税関にはもう一人民間人がいましたが、それは放置しておくこととされました。

我々が遂行したのは、このトルンムラーの命令です。税関にいた民間人はまちがいなく

SSの下士官で、ベルナウで見たことがあるからです。この民間人以外、税関には誰もいませんでした。ドイツの国有財産を前にして、我々は設備を破壊すべし、という命令の意味が完全には理解できず、破壊にとりかかるのを躊躇しました。それでまず例のSSの下士官が破壊を始め、繰り返し我々に、作業に協力するよう求めてきました。それで我々も備品の破壊に手を付けました。この殲滅作業の中で、携行してきた騎兵銃を壊してしまう者もいました。しかし、税関を内部から跡形もなく破壊してしまうまで、撤収は許されませんでした。壊れた銃も持ち帰らねばなりませんでした。税関に突進した時、我々の全員にとって印象深かったのは、ドイツ税関からわずか二〇〇〜三〇〇メートルしか離れていないポーランド側では、まったくの静寂が支配していることでした。我々はある村の灯火をはっきり認めることができましたが、そこからは楽しげな歌声や笑い声、話し声などが聞こえてきました。ポーランド税関もまったく静寂でした。ここはドイツ税関からおよそ二〇〇メートル離れたところです。

我々がうけた指示とは別に、数人のSS下士官と在外同胞がトルンムラーから、ドイツ税関破壊の命令をうけていました。そしてホーエンリンデン前の国境の向こう側のポーランド税関を見張るためです。

トルンムラーとホフマンもやはり税関にいました。ドイツ税関から立ち去る時、私は暗がりで何かにつまずきました。身をかがめて見ると、床に何人かの人間が静かに転がっていました。皆ポーランド軍服を着て。特に印象深かったのは、頭を丸刈りにされていたことです。すぐに私は通訳に言いました、「ここに同志が二人いる」。それで彼はポーランド語に不得手なホフマン隊長に（ドイツ語で）報告しました。ホフマンは彼に、一緒に来なくてもよい、と説明しました。目の前で動かない死体を見た時、私はぎょっとして腰を抜かしました。なぜなら、それが戦友だと思ったからです。私がその一人を立ち上がらせようとした時、彼がまったく硬直してしまっているのに気が付きました。他の者についても同じでした。それで最初はこう考えました、我々の戦友の何人かが不注意な発砲によって命を落としたのだ、と。しかし、我々が整列して一人も欠けていないことが分かると、初めて疑問をもちました。我々は正式にこの件については、何も知らされていなかったのです。それでこう考えました、税関への襲撃にはもっと多くの関係者が関わっていて、それは我々の特別行動隊に属していない、しかも命令によって頭を丸刈りにされた者達だ、と。税関に入る前にどうやってこれらの死人が作られたのか、私は知りません。ですがおそらく、税関近くの国道脇にいたトラックの中で死人が作られたのだと思います。このすべての件について、トルンムラーとホフマンは知っていたはずです。トルンムラーは米軍に抑留されています。

命令遂行後、我々はホーエンリンデンの旅館で灰色の軍用マントをポーランド軍服の上からはおり、スラヴェンチッツェにもどりました。スラヴェンチッツェに着くと、ポーランド軍服と銃を返却しました。我々はここであらためて、しかも今回は互いの黙秘義務を守らされました。すなわち、これからはホーエンリンデンの出撃については、互い同士でも話題にしてはならない、との。この義務の通達のあと、トルンムラーから、この義務違反者には一族全員根絶やしの脅しによって、署名させられました。それから標章のない灰色のSS制服に着替えました。あのSS下士官もこの時から、様々な標章〔SSの中隊長の〕のついた将校の制服に着替えました。彼等は、ただ偽装のために下士官制服を着ていたのがうかがい知れました。スラヴェンチッツェでさらに説明されたのは、他の部署への報告で照会されたらこう答えるように、と。「ホーエンリンデン特務出撃隊に参加し、対ポーランド戦にも参加」と。

　スラヴェンチッツェでは多数のSS将校や下士官と出会いましたが、その一部はベルナウでの知り合いでした。名前は覚えていません。

　ホーエンリンデンからスラヴェンチッツェへもどる途中、すでに我々は進撃してくる独軍部隊と遭遇しましたが、出撃の時には一人のドイツ兵も見なかったことです。帰還後、ラジオ放送と会話の中で、我々の出撃やそれ以外の行動、たとえばグライヴィッツ放送局その他の場所への出撃は、戦争を始めるため、ドイツ指導部によって演出されたものであるのがはっきりしました。

　ニュルンベルク司法館での抑留中、かつてのSS将校でゲシュタポのナウヨックスが私にこう説明してくれました。一九四四年七月二〇日のヒトラー暗殺未遂事件に連座して、すべての「ホーエンリンデン特別出撃隊」関係者やグライヴィッツ放送局襲撃関係者（いわゆる「秘密保持者」）を逮捕し殺すことになっていた、と。それについて、この措置で関係者の一族も巻き添えになるのかどうかまでは言いませんでした。ナウヨックスはさらに、戦争が終わったら〔ドイツが勝った場合〕、秘密保持者の生き残りも粛清されるはず、とも言いました。彼がどこからそれを知ったのかは分かりません。ナウヨックスは、自分から、グライヴィッツ放送局襲撃実行の隊長だったと言いました。

ホーエンリンデンの出撃の件は今から八年前のことですが、今日まだ良心的に叙述することは可能であると思っています。私の心中では、この件についての一部始終を全世界に向かって公表するのが義務だと考えています。

加えて、あの時ベルナウで我々を査閲した特別に大柄な体格の赤毛の人物は、外務省のフォン・デルンベルク公使ではなかったか、と推論できます。彼はつい最近、ここのCIE29号房にいて、ニュルンベルク国際軍事法廷に身柄を移されました。おそらく彼は今、ドイツの民間人収容所にいるとおもわれます。

署名　ヨーゼフ・グルツィメク　　マリヤン・ヴェツレヴィッツ

地図と写真

（地図）ホーホリンデン税関への偽襲撃（二三六頁）
グライヴィッツ放送局一階（二四一頁）
グライヴィッツ放送局地下室（二四六頁）

（写真）ＳＳ集団長（中将）ラインハルト・ハイドリヒ（Photo/UIG via Getty Images）（二三七頁）
ザクセンハウゼン＝オラニエンブルク強制収容所――司令部棟より所内通路および監房棟（二三八頁）
ＳＳ国家長官　ハインリヒ・ヒムラー（二三九頁）
ＳＳ集団長（中将）　ハインリヒ・ミュラー（Süddeutscher Verlag）（二四〇頁上）
元ゲシュタポ局長ミュラーの墓と称されるもの――ベルリン・シュタンドルト墓地六一番（二四〇頁下）

フランツ・ホニオク、第二次大戦最初の戦死者（二四二頁）
グライヴィッツ放送局——放送アンテナ方向の光景（二四三頁上）
グライヴィッツ放送局全体模型（二四三頁下）
グライヴィッツ放送局模型——放送スタジオ（矢印の線はナウヨックス隊の侵入経路、丸印はフランツ・ホニオクの死体が置かれていた場所）（二四四頁）
ホーエンリーベンのレストラン「ヤルツォムベック」（二四五頁）

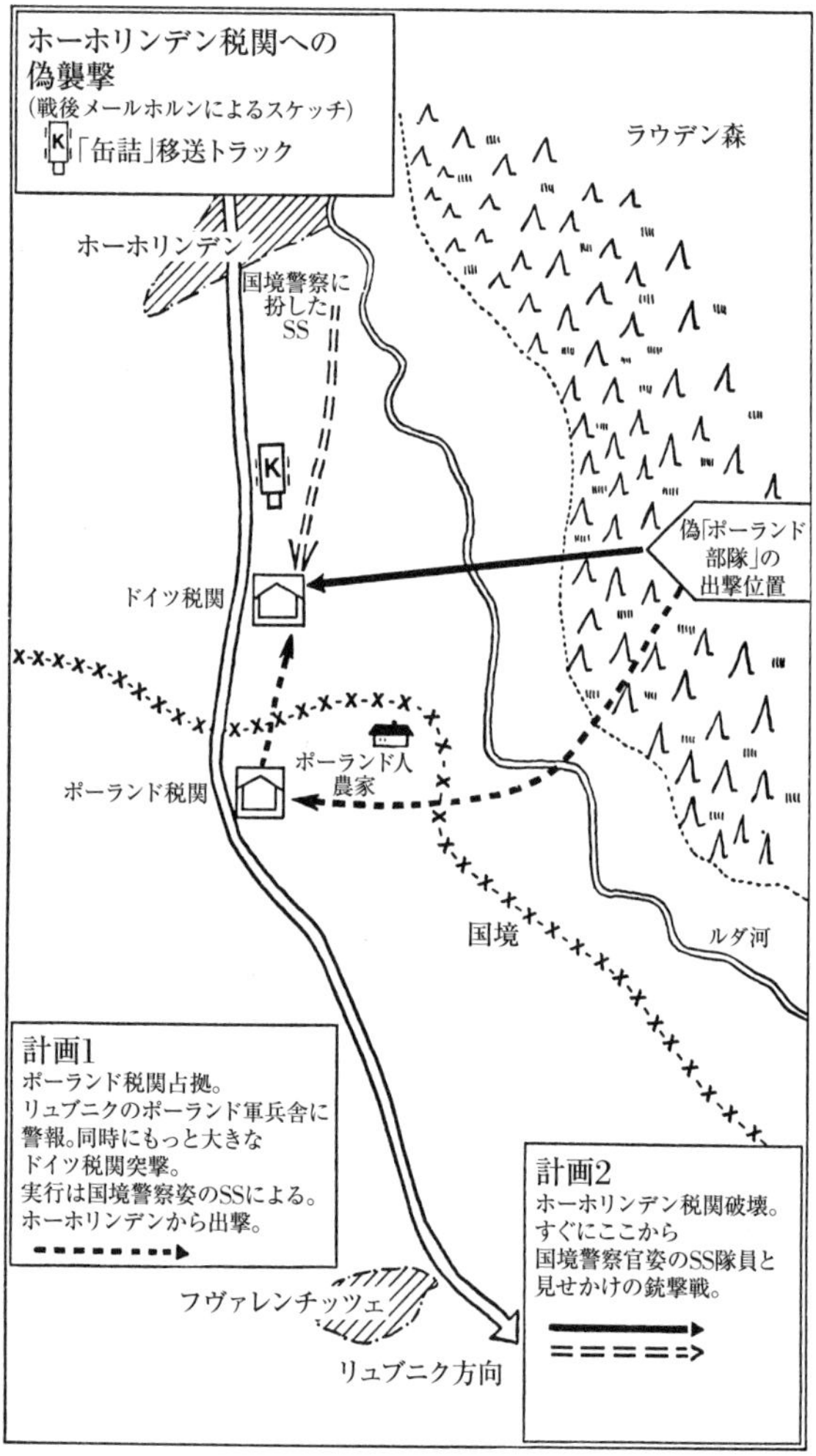
ホーホリンデン税関への
偽襲撃
（戦後メールホルンによるスケッチ）
K「缶詰」移送トラック
ラウデン森
ホーホリンデン
国境警察に
扮した
SS
K
偽「ポーランド
部隊」の
出撃位置
ドイツ税関
ポーランド人
農家
ポーランド税関
国境
ルダ河
計画1
ポーランド税関占拠。
リュブニクのポーランド軍兵舎に
警報。同時にもっと大きな
ドイツ税関突撃。
実行は国境警察姿のSSによる。
ホーホリンデンから出撃。
計画2
ホーホリンデン税関破壊。
すぐにここから
国境警察官姿のSS隊員と
見せかけの銃撃戦。
フヴァレンチッツェ
リュブニク方向

SS集団長 ラインハルト・ハイドリヒ

ザクセンハウゼン=オラニエンブルク強制収容所 司令部棟より所内道路

ザクセンハウゼン=オラニエンブルク強制収容所監房棟

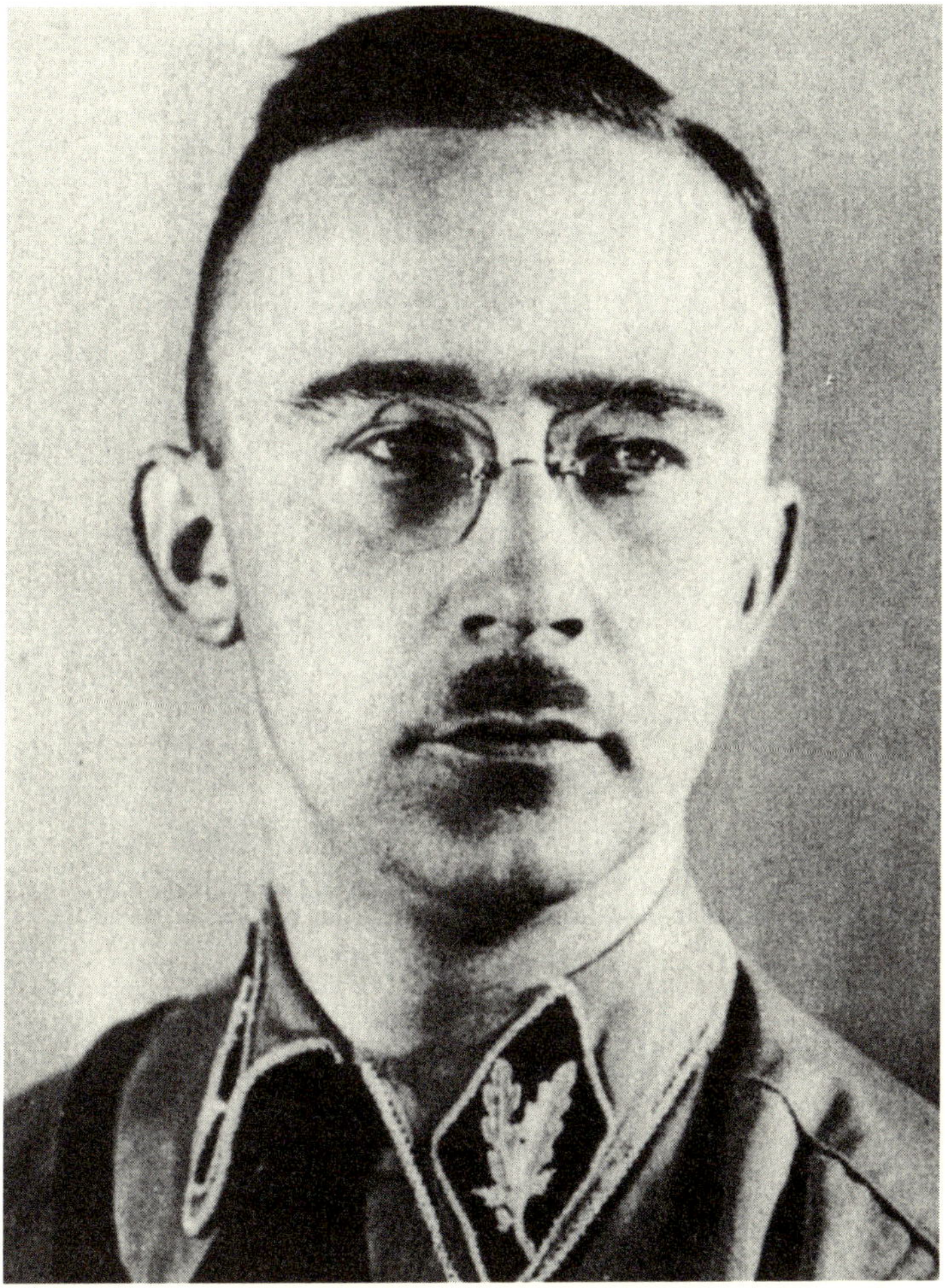

SS国家長官 ハインリヒ・ヒムラー

SS集団長 ハインリヒ・ミュラー

元ゲシュタポ局長ミュラーの墓と称されるベルリン・シュタンドルト墓地61番の墓碑

グライヴィッツ放送局一階

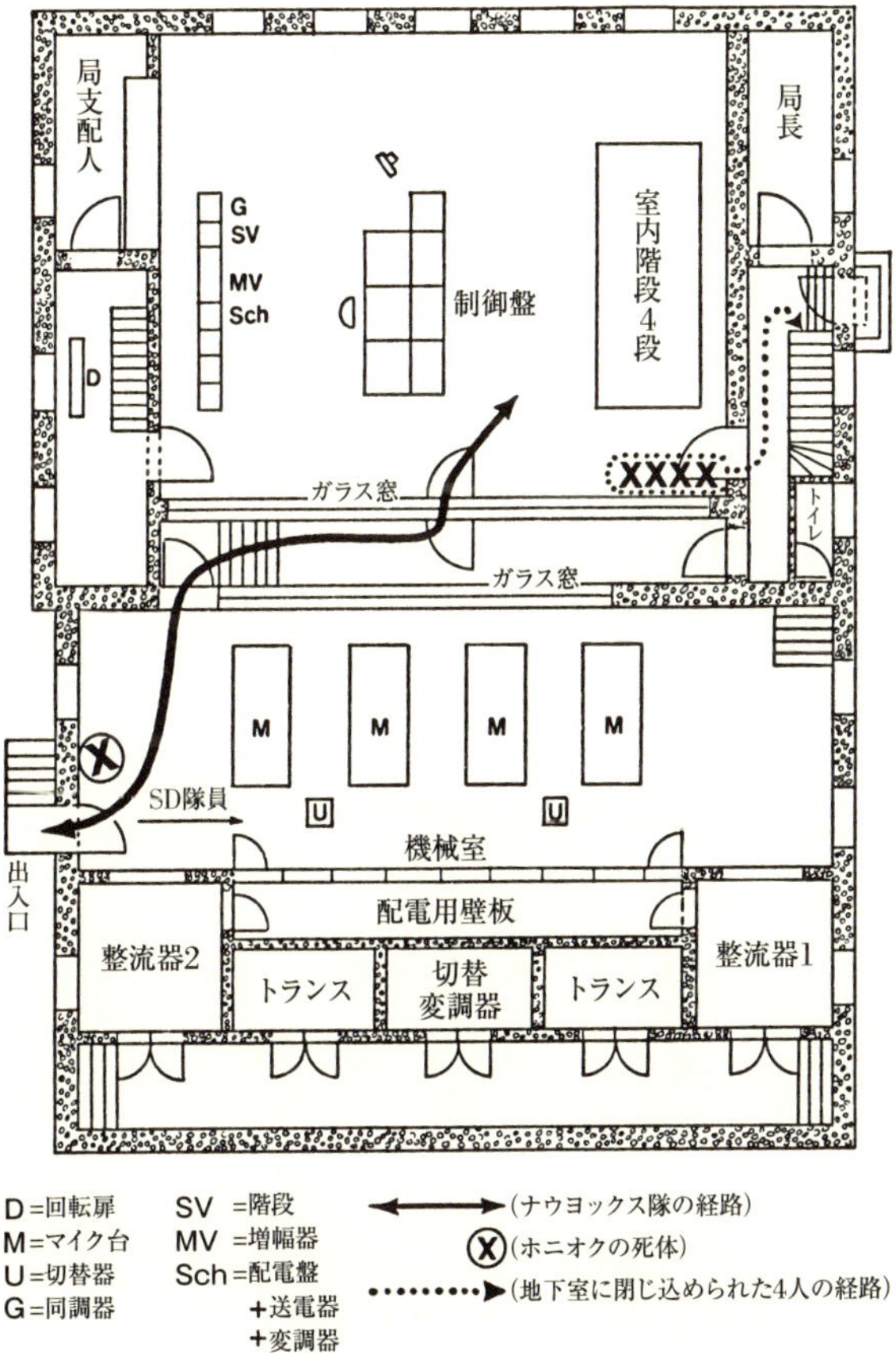

このスケッチは実際の寸法通りではない

フランツ・ホニオク、第二次大戦最初の戦死者

グライヴィッツ放送局。放送アンテナの方向に街道から見た光景

グライヴィッツ放送局全体模型

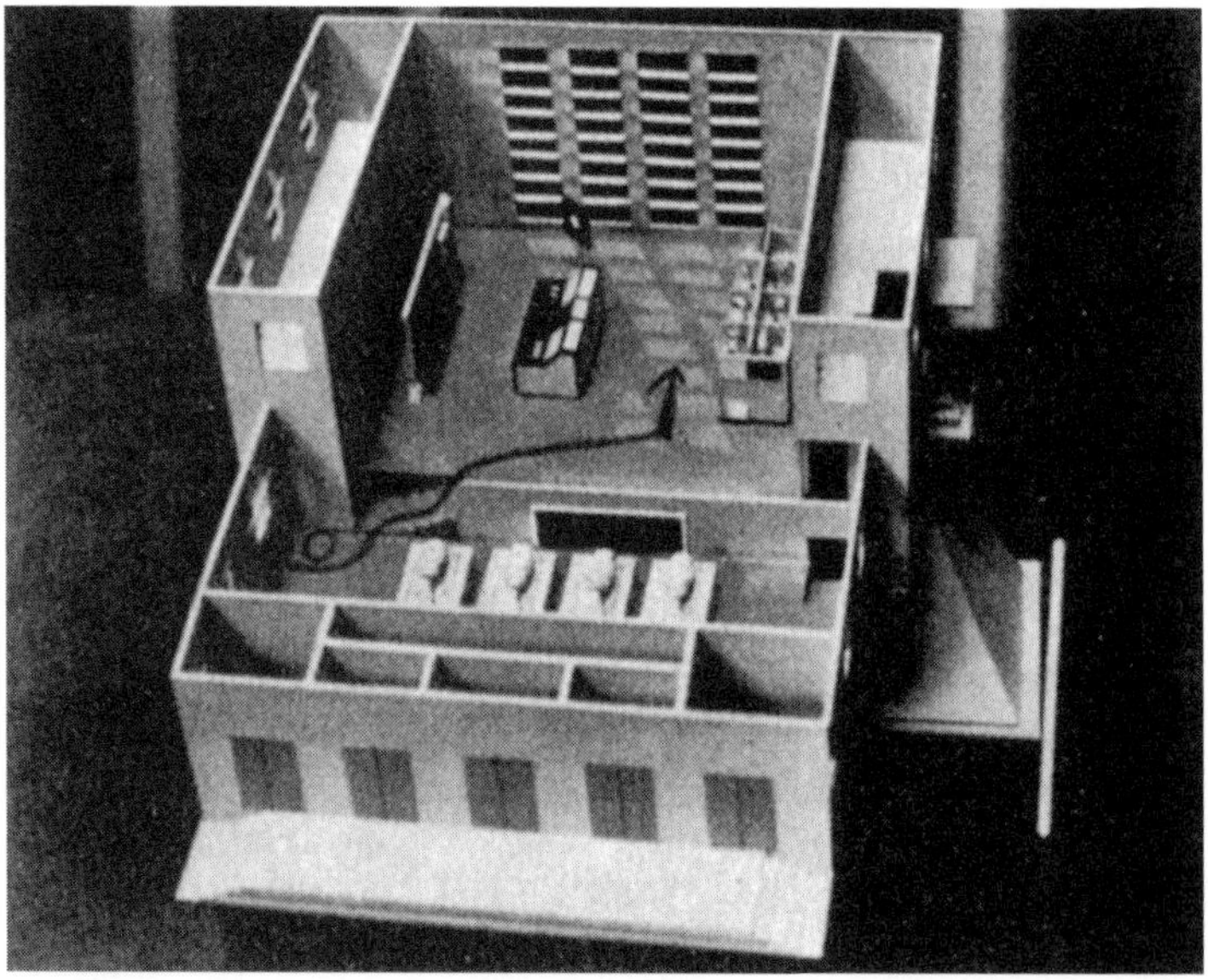

グライヴィッツ放送局模型、放送スタジオ
(中に示された矢印の線はナウヨックス隊の進入経路。丸印はフランツ・ホニオクの死体が置かれていた場所)

ホーエンリーベンのレストラン「ヤルツォムベック」

グライヴィッツ放送局地下室

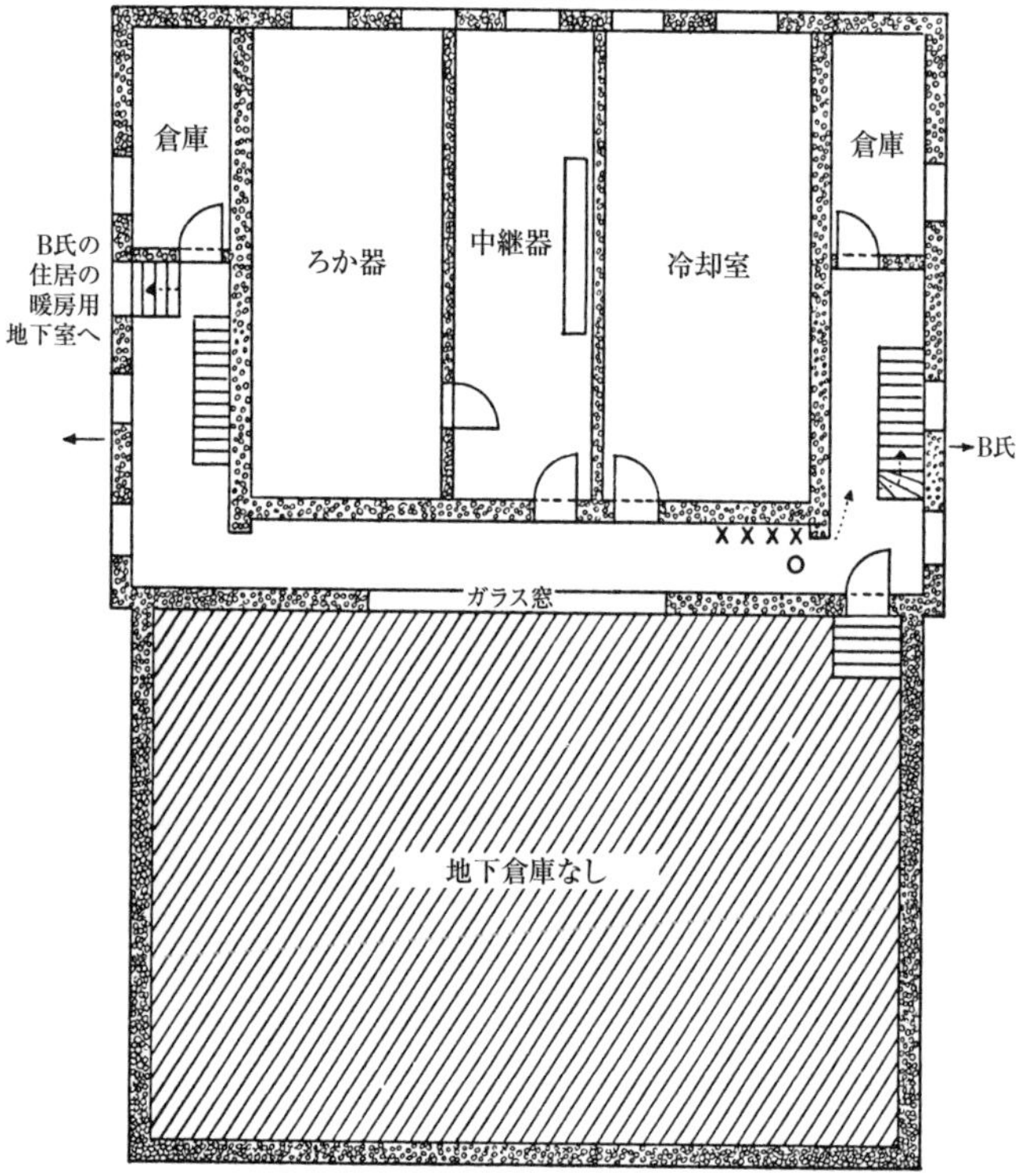

×××=地下室で立たされていた4人
○　=見張り

このスケッチは正確な寸法ではない

ＳＳの階級・陸軍と対比

ハインツ・ヘーネ著
『髑髏の結社、ＳＳの歴史』の一覧より

最上級集団長—上級大将
上級集団長—大将
集団長—中将
旅団長—少将
上級長—准将
連隊長—大佐
上級大隊長—中佐
大隊長—少佐
首席中隊長—大尉
上級中隊長—中尉
下級中隊長—少尉
以上将校。以下、下士官・兵。

突撃団長―特務曹長
連隊上級旗手―上級見習士官
首席隊長―上級曹長
上級隊長―曹長
連隊旗手―見習士官
団長―軍曹
副団長―伍長
分隊長―兵長
突撃手―上等兵
上級手―一等兵
下級手―二等兵

訳者解説

本書は『総統は開戦理由を必要としている　タンネンベルク作戦の謀略』（*Das Unternehmen Tannenberg-Der Anlaß zum Zweiten Weltkrieg*）の全訳である。

著者アルフレート・シュピースは元ドイツ（当時は西独）のデュッセルドルフ地検検事正で、共著者のハイナー・リヒテンシュタインはケルンの「西ドイツ放送」の現代史関係の編集者であった。

本書の刊行は冷戦時代の一九七九年に、当時の西独のリーメス出版（Limes Verlag）からハードカバー判で出され、のちに一九八九年にペーパーバック判として増補され、本書の「付録」の部分が付け加わった。翻訳ではこの増補版を使用している。

このように、本書は決して最新の研究成果をまとめたものではない。しかし現代史の微妙な問題点についての重要な資料としての価値は、いまでも色あせていない。というのも、本書の叙述の中心になっているのは、現役の検事による証人尋問であって、ノンフィクション・ライターやジャーナリストによるインタビューとはことなり、司法手続き上の供述にあたる。そのために証人達もかなり慎重に言葉を選びながら尋問に応じており、「もう覚えていない」という返事が頻出するのも、証人達の一種の警戒心から出た自然な反応と見るべきだろう。だから本書は検察の尋問記録を中心にして、それに歴史研究上の資料によって補強されたドキュメンタリーと言える。

ではなぜこの時、戦後一八年以上経過して、しかも当時の西独で、公権力によって、すでにニュルンベルク裁判で明らかになったはずのこの案件が再度取り上げられることになったのか。今日も時折我が国で、「ドイツはナチス犯罪者の追及を行った、それに引き換え日本は」、との論議がきこえることがある。だがここで当時の西独の検察当局が本件について大規模な捜査と尋問に着手した理由は、なによりもそれが国家権力による謀殺、すなわち国内法を蹂躙した行為だったことにある。

本書で扱われた事件はすべて、第二次大戦勃発前の、いわば「平時」に、しかもドイツ国内で起こされた事柄なのである。たとえば、ポーランド兵の軍装をして殺され、偽襲撃地点で死体となって転がされていたのは、フランツ・ホニオク以外は皆ベルリン近郊のザクセンハウゼン強制収容所の囚人だった。この時はまだ、ユダヤ人に対するいわゆる「ホロコースト」は発生していない。ナチス犯罪と言うと安易に何でも「ホロコースト」と結び付けようとする態度は、本書の扱かった対象とは無関係である。たとえば本書の優れた調査によって、ナチス独裁体制下での強制収容所の、一種奇妙さを感じさせる管理体制の一端を垣間見ることができる。そこで証言されているのは、あくまで「平時の」ドイツ国内での強制収容所の様子なのであり、「ホロコースト」にまつわる残虐行為についてではない。

そして本書で最も重視して捜査したのは、「缶詰」製造と運搬についてである。

ではなぜ「缶詰」の件が重視されるかと言えば、要点をもう一度整理してみると、

・まだ戦争が始まらない平時に起こされた事件であること。
・事件現場は当時のドイツ国内であったこと。
・「缶詰」の選定・移送・殺害・死体放置の実行犯は現職の警察関係者であったこと。
・「缶詰」とされた囚人はすべてドイツ人またはドイツ在住者であったこと。

これだけ条件がそろっていれば、公権力による国内法違反の確信犯的行為と言うほかない。

最初に本件が取り上げられたのは、「付録」にあるナウヨックスのニュルンベルク裁判での証言で、そののち、ダッハウでの「ポーランド戦争犯罪調査団」によるトルンムラーとグルッィメクへの尋問があった。だから最初はこの三つの証言が本件についての証拠だったのである。ところが「付録」にあるように、東独製の映画の杜撰さが逆に西独検察当局を動かすことになった。それはナチス犯罪の裏面で活動したナウヨックスへの訴追範囲がもっと拡大されるべきものではないか、と認識されたためであろう。よって担当検察は、ナウヨックス存命時はハンブルク地検が、彼が心臓発作で死んだ後は、彼の運転手がいたデュッセルドルフ地検になった。

そして「付録」にある三件の証言を最初の糸口として、今度は占領軍に代わって西独検察による綿密な捜査と尋問が行われ、本書でその結果がまとめられた、ということになる。

それだけに、本書が扱っている主題と、関係する登場人物、そして関係部署が非常に細かく、しかも錯綜しているため、事件の全体像の把握がむずかしく感じられる向きもあるかもしれない。

ここでは、本書の背景と意義について、歴史上特に注目すべき要点を取り上げて説明しよう。

事件全体をふり返ってみると、当時のナチス独裁体制の持つ様相が凝縮されて見えてくる。

まず、ハイドリヒが描いた行動のシナリオを整理すると、

・ポーランドとドイツの国境線が入り組んで、ヴェルサイユ条約締結当時から両国間での紛争の絶えないオーベルシュレージェンを行動の舞台とした。これは最も「ありそうな」場所ということになる。

・特に重視されたのがグライヴィッツ放送局襲撃で、局を占拠して、ポーランド語による過激な反独的内容の放送を行い、電波によってポーランド側によるドイツへの挑発に見せかける。

・ホーホリンデンのドイツ税関襲撃は、地図を参照すると明らかなように、独波両国の国境線が細かく入り組んで、河川と森林もあり、襲撃後の逃走が容易な地形であること。

これに本書で最も重視している「缶詰」行動が加わる。強制収容所の「重罪人」を殺して、それにポーランド兵の服装をさせ、死体を現場に放置する、という残虐な案が加えられる。この発案者はハインリヒ・ミュラーのようだが、当然ハイドリヒの承認があったはずである。ところが実行段階では数多くの齟齬をきたしたことが明らかになっている。齟齬というか失敗の例をあげると、

・ポーランド軍服姿のSS中佐ヘルヴィッヒが、八月二六日のヒトラーの突然のためらいによる開戦延期指令を無視し、行動開始隠語「大雷鳥」と「アガーテ」をとりちがえ、予定していたホーホリンデンのドイツ税関襲撃を危うく決行しそうになったこと。
・八月三一日のナウヨックスによるグライヴィッツ放送局襲撃そのものは難なく成功したが、肝心の反独演説放送については、同局が単に中継局にすぎず、ブレスラウ本局からの番組を中継・増幅するだけの設備しかなかった。そのため、放送は災害時用の緊急放送を使わなければならなかった。しかしそれでは電波が弱すぎ、ハイドリヒが期待したような、独波両国全土に広がるようなラジオ放送による混乱は起こせなかった。あるいはハイドリヒは、前年の一〇月三一日、アメリカのCBSラジオの番組『宇宙戦争』が全米に大パニックを引き起こしたことを念頭において、本当に両国民を戦争発生、というパニックに陥れられる、と思ったのかもしれない。

そして、これらの失敗にまつわるハイドリヒ以下の関係者達の狼狽ぶりも、傍から見るといささか滑稽な感じもする。ところが本件がそのような決行の齟齬と狼狽だけで済まされない恐るべき側面を抱えていた点を注目しなければならない。

ポーランド側からの襲撃、という「事件」のアリバイとして、ドイツ在住のポーランド人と、ドイツの強制収容所の囚人——しかし刑法犯だけではなく政治犯も含まれていたようだが——を殺害し、しかも顔の判別が無理なように手斧で痛めつけ、森の中に埋める、という作業は平然としかも予定通りに実行されているのだ。

こうして、一九三九年九月一日、ヒトラーはドイツ国会でポーランド側からのドイツ領襲撃について演説し、特に本書で問題としたホーホリンデンのドイツ税関とグライヴィッツ放送局、そしてピッチェン営林署の件を取り上げている。しかし、よく知られているように、このヒトラーの演説もドイツ人を奮い立たせることはなく、なし崩し的に戦争に突入してしまった、という大部分のドイツ人は気持ちで諦めに近い反応だった。だが結果的に失敗と言ってもよい「タンネンベルク作戦」のために、約一〇人の人命が犠牲となった。対ポーランド戦は大方の予想に反して、わずか四週間で終結し、ポーランドは独ソ両国によって分割される。しかしドイツ国民の気持ちはそれほど熱狂的なものでなかったことは、そのすぐあとの一一月八日にミュンヘンで起こった事件がよく示している。すなわち、ヒトラーが一九二三年の一揆記念演説を終えてわずか数分後、演説台の背後に仕掛けられた時限爆弾が破裂し、ヒトラーは危うく一命を取りとめた。時計職人ゲオルク・エルザーの単独犯行だったが、ドイツがナチス当局の宣伝するような「民族共同体」の鉄の結束どころではない実態が暴露された。

最後に、本書で扱われた「タンネンベルク作戦」から、ドイツ第三帝国の性格について整理してみよう。

まず、本件に国防軍の関与が小さいことがあげられる。国防軍最高司令部（ＯＫＷ）対外防諜局がポーランド軍装一式約一五〇人分を調達したことが関与の大半で、実行はＳＳがあたった。しかし本件の前半の中心人物ヘルベルト・メールホルンの証言では、ある将軍が来て、「訳あり気な薄笑いを浮かべながら」、攻撃開始時に開けておく戦区について相談した、とあり、軍の方も事情は呑みこんでいた、とみるべきだろう。しかし国防軍についてはヒトラーからじきじきに、「いかなる状況下でも、国防軍を非合法な性格と言われかねない作戦に関係させてはならぬ」、との申し渡しがあったという。すると、ヒトラー自身、この「ヒムラー作戦」あるいは「タンネンベルク作戦」が国際法違反の行為であることを十分承知の上での指示だったことになる。

では、なぜ国防軍をできるだけ本件に関与させないよう配慮したのか。それは、まだ戦争が始まっていない、という単純かつ重大な事情からである。軍国主義的・好戦的な政策と宣伝によって一九三八年から一九三九年にかけて、オーストリアとチェコという二つの独立国を無血で征服したヒトラーは、ここに来て、はっきりと抵抗の意思を示すポーランドにぶつかった。そしてヒトラーはポーランドに対する武力発動と戦争を決意した。だが情勢はまだ流動的である。スターリンとの独ソ不可侵条約締結はヒトラーにとって大きな収穫だったが、英仏両国はポーランド支援のために立ち上がろうとしている。イタリアは模様眺めの態度で、参戦の気配はない。要するに、戦争をポーランド一国とのものに限定できるかどうか、そして、対ポーランド戦になってドイツ側に勝算はあるのか。ヒトラーの置かれた国際的な立場は実はこのように不安定で曖昧なものだった。

後世の人間は歴史の後知恵から、この時のヒトラーの判断は半分だけ的中したものであったことを知っている。すなわち、英仏両国は独波開戦の四八時間後、対独宣戦布告を行い、これが一九四五年まで続く第二次大戦の発生となった。しかし宣戦した英仏は西部戦線で何の軍事行動も起こさなかったから、ドイツ側は軍をほとんど対ポーランド戦に集中させることができ、さらにソ連の攻撃もあって、結局ポーランドはわずか四週間で壊滅する。ドイツ側が最も恐れていた東西二正面戦争に陥ることは避けられた。

こうして考えてみると、ドイツ側ではヒトラーもヒムラーもハイドリヒも、「タンネンベルク作戦」が露骨な国際法違反の行為であるのは重々承知していたことになる。だからこそ、正式の軍である国防軍の関与を避けようとした。さらに、偽襲撃に参加するSS隊員に、もし黙秘義務を破った場合、一族皆殺しにする、との脅しをかけて、誓約書に署名させている。まだ戦争が始まっていない時、対外的行動においては最低限の国際法遵守が必要である。結論すれば、独裁体制の下では、国内法はもはや公権力の行使の前では、ほとんど意味を失っている。だが、まだ征服していない外国に対しては、国際法を順守しているポーズだけでも取る必要があった。逆に一九三九年九月以後、ドイツに占領されたポーランドでは、ほとんど法は守られなかった。そして一九四〇年にドイツが新たに征服したデンマーク、ノルウェー、オランダ、ベルギー、ルクセンブルク、フランス、そして一九四一年の占領地ユーゴスラヴィアとギリシア、最後の占領地ロシアでは、どこでもドイツ国内法も国際法も守られなかった。

国防軍が本件に直接関与しなかったとすれば、中心となって行動したのはナチス党親衛隊（S

S）である。本書の「付録」にあるSSの階級は、本来がSSの母体であった突撃隊（SA）のものをそのまま使用している。その定訳は今でもない。翻訳では便宜上、すべて相当する陸軍の階級で示してある。

それは元々SAがナチス党の暴力部隊として発生し、さらにその中の幹部護衛のためのエリート部隊としてSSが生じたので、階級はあくまで突撃隊の各級の集団の指揮官と隊員の呼称だからなのである。やがて一九三四年六月の「長いナイフの夜」粛清劇でSAは実権を失い、代わってSSの台頭となる。しかしSSもあくまでナチス党の組織であって、国家の組織ではない。しかしSA粛清後、ヒムラーやハイドリヒなどの努力によって、SSは次第に警察機構を支配し、強制収容所も管轄下に置くようになる。こうしたSSという私的機関と警察という公的機関とが混同しているのがナチス第三帝国の実態だった。

そのために本書でも、実に複雑な各種警察機構と、軍隊を模したSSの組織と階級が一緒になって登場する。SSの軍隊的な部分は「武装SS（Waffen SS）として大戦中、独自の拡大をとげていく。本書で特に注目をひくところの、ベルナウのSSフェンシング学校でのSS隊員の訓練の件、そして同校校長のSS少佐カール・ホフマンがホーホリンデンのドイツ税関襲撃の指揮をとった件、いずれもSSの公私混在した性格を如実にあらわすものと言える。

さらに本件で警察とSSの混在を最もよく示しているのが、ハイドリヒによって拡大させられたSD（親衛隊保安部）である。これは元々、国内外の諜報を専門とするチームだったが、ハイドリヒが「保安警察」（Sipo）の長官を兼ねるにおよんで、単なる情報収集にとどまらず、攻撃的な謀略活動にも手を染めるようになった。今日判明しているSDが関与したとされる有名な謀略としては、一九三七年のソ連赤軍のトハチェフスキー元帥以下の幹部粛清のきっかけとして、怪文書の製造とチェコ大統領ベネシュを利用してスターリンへ手渡しした件。あるいは、一九三八年のブロンベルク国防相と陸軍総司令官フリッチュ大将失脚の理由とされた、奇怪なセックス・スキャンダル「資料」と「証人」の手配など。

これら大がかりな謀略を続けてきたハイドリヒと、それを支援したヒトラーとヒムラーにしてみれば、戦争開始の理由としてのポーランド側による国境紛争の捏造は容易に考え付くシナリオだったはずである。類似の「国境紛争」、もしくはそれに類する「事件」の捏造は、一九三八年の対チェコ作戦「赤の件」でもすでに計算されていた。この場合は「ドイツ大使の暗殺」が「突発的事件」として計算されている。本書の「緒言」にあるロバート・ケンプナーの指摘のように、ヒトラーの支配は警察機構とともにSDによる謀略なくしてはあり得ないものであった。そのために、ニュルンベルク裁判では、国防軍は免責となったが、ナチス党・SS・SA・SD・ゲシュタポは「犯罪的組織」との断罪をうけた。

本書が問題とした「タンネンベルク作戦」は、以上にあげたようなヒトラー体制の本質とその行動様式を、小さな謀略にすべてをつめこんだ現象だったと言える。

二〇一六年九月

守屋純

ヤ行

ラ行

ナ行

ハ行

マ行

人名索引

ア行

カ行

サ行

タ行

訳者略歴
守屋純（もりや・じゅん）
一九四八年生まれ。早稲田大学卒。
現在、中部大学講師、国際関係史専攻。
著書に『独ソ戦争はこうして始まった』（中央公論新社）、『国防軍潔白神話の生成』（錦正社）、『近代日本とドイツ』（共著、ミネルヴァ書房）、『ヒトラーと独ソ戦争』（白帝社）がある。
訳書にユーバーシェア『総統からの贈り物』（錦正社）、ドイッチュ編『ヒトラーが勝利する世界』、グランツ『詳解独ソ戦全史』、ゴシュトニー『スターリンの外人部隊』、マーザー『独ソ開戦』、ゲルリッツ『ドイツ参謀本部興亡史』、シュトレビンガー『赤軍大粛清』（以上、学研）がある。

総統は開戦理由を必要としている
タンネンベルク作戦の謀略

二〇一六年一二月二五日 印刷
二〇一七年 一月二〇日 発行

著者 アルフレート・シュピース
ハイナー・リヒテンシュタイン
訳者 © 守屋純
装丁者 日下充典
発行者 及川直志
印刷所 株式会社理想社
発行所 株式会社白水社

東京都千代田区神田小川町三の二四
電話 営業部〇三（三二九一）七八一一
編集部〇三（三二九一）七八二一
振替 〇〇一九〇‐五‐三三二二八
郵便番号 一〇一‐〇〇五二
http://www.hakusuisha.co.jp
乱丁・落丁本は、送料小社負担にてお取り替えいたします。

株式会社松岳社

ISBN978-4-560-09533-1
Printed in Japan

▷本書のスキャン、デジタル化等の無断複製は著作権法上での例外を除き禁じられています。本書を代行業者等の第三者に依頼してスキャンやデジタル化することはたとえ個人や家庭内での利用であっても著作権法上認められていません。

白水社の本

アントニー・ビーヴァー　平賀秀明訳

第二次世界大戦1939－45（上中下）

未曾有の大戦の全容を網羅し、明瞭かつ精彩に描いた通史。英国の戦史ノンフィクション作家による全三巻の超大作。世界二四カ国で刊行、ベストセラーを記録する決定版！

イアン・カーショー　石田勇治監修
上巻　川喜田敦子訳／下巻　福永美和子訳

ヒトラー
（上）1889－1936 傲慢
（下）1936－1945 天罰

学識と読みやすさを兼ね備え、複雑な構造的要因の移りゆきを解明。英国の泰斗による圧巻の評伝。世界二十八カ国で刊行、ロングセラーを記録、待望の邦訳！

マンゴウ・メルヴィン　大木毅訳

ヒトラーの元帥 マンシュタイン（上下）

ナチ犯罪・戦争犯罪にどこまで関与したのか？「名将」の光と影、実像に迫る評伝。英国陸軍少将の著者が新史料や私文書を渉猟し、栄光と挫折の生涯を精彩に描く。地図・写真収録。

ロベルト・ゲルヴァルト　宮下嶺夫訳

ヒトラーの絞首人ハイドリヒ

ホロコーストの悪名高い主犯の生涯。トーマス・マンに「絞首人」と呼ばれ、「ユダヤ人絶滅政策」を急進的に推進した男の素顔に迫る。最新研究を踏まえた、初の本格的な評伝。

H・A・ターナー・ジュニア　関口宏道訳

独裁者は30日で生まれた
ヒトラー政権誕生の真相

なぜヒトラーは首相になれたのか？　大資本がヒトラー独裁を準備したというマルクス主義的見解を徹底批判し、米独歴史学界で大論争を巻き起こした碩学が辿りついた結論。本邦初訳。